0-1 哈佛园的春天 2014.5.13

哈 佛 的
图书馆和博物馆

田松 ————— 著

世界图书出版公司
北京·广州·上海·西安

本书获北京市科学技术协会科普创作出版资金资助

本书获得了深圳市人文社会科学重点研究基地

"南方科技大学粤港澳大湾区科技人文与创新文化研究中心"的支持

图书在版编目（CIP）数据

哈佛的图书馆和博物馆 / 田松著 . — 北京 : 世界图书出版有限公司北京分公司，2023.5
ISBN 978-7-5232-0092-6

Ⅰ . ①哈… Ⅱ . ①田… Ⅲ . ①哈佛大学—概况 Ⅳ . ① G649.712.8

中国国家版本馆 CIP 数据核字（2023）第 019148 号

书　　名	哈佛的图书馆和博物馆	
	HAFO DE TUSHUGUAN HE BOWUGUAN	
著　　者	田　松	
责任编辑	刘天天	
装帧设计	李尚斌　　王秀玲	
出版发行	世界图书出版有限公司北京分公司	
地　　址	北京市东城区朝内大街 137 号	
邮　　编	100010	
电　　话	010-64038355（发行）　　64033507（总编室）	
网　　址	http://www.wpcbj.com.cn	
邮　　箱	wpcbjst@vip.163.com	
销　　售	新华书店	
印　　刷	河北鑫彩博图印刷有限公司	
开　　本	710 mm × 1000 mm　　1/16	
印　　张	18	
字　　数	240 千字	
版　　次	2023 年 5 月第 1 版	
印　　次	2023 年 5 月第 1 次印刷	
国际书号	ISBN 978-7-5232-0092-6	
定　　价	78.00 元	

目录
CATALOGUE

引言　从地图说起 001

上篇　哈佛园

第一章　哈佛图书馆主馆，圣殿一般的韦德纳 013

泰坦尼克号与韦德纳图书馆 / 主阅览室朝圣：百年桌椅 / 书库如
迷宫，叠床架屋，藏着鸽子间 / 大吊灯之下的阅览室 / 地下宫殿
与南出口

第二章　高大上的古本珍本馆，霍顿图书馆 059

"安检"最严格的阅览室 / 免费咖啡与珍本书展中的科学史 / 插
曲：耶鲁的珍本手稿馆

第三章　最亲民的图书馆，本科生热爱的拉蒙特 084

专为本科生服务的图书馆 · 舒适温馨的阅览室 / "打盹儿指
数" / 建在图书馆里的咖啡馆 / 考试季 24 小时开馆 / 去影像阅
览室——看电影 / 团队工作的小阅览室 / 地图 · 地理 · 环境教
育 / 图书馆是干什么的？ / 四季 · 昼夜

第四章　说不尽的哈佛园 130

神秘的普赛图书馆 / 哈佛地图收藏馆 / 柴尔德纪念图书馆：韦德
纳的馆中馆 / 哈佛园的文史哲

下篇　哈佛园北

第五章　哈佛科学中心............................ 158
哈佛科学中心广场与楼前的小小自取图书馆 / 大厅里的咖啡与科学 / 大厅里的展品：IBM 第一机

第六章　科学仪器历史博物馆...................... 178

第七章　卡博特科学图书馆........................ 186

第八章　美术图书馆.............................. 202

第九章　法学院图书馆............................ 210

第十章　哈佛自然博物馆.......................... 230
丰富的自然世界，标本的功勋与罪恶 / 玻璃花：空前绝后的科学艺术 / 大地上的石头

后记.. 264

哈佛的图书馆与博物馆中英文名称一览 270

索引.. 272

从地图说起

哈佛的校园里处处都是图书馆。

2013年秋天到2014年夏天，我曾经作为富布莱特学者，在哈佛科学史系访问十个月，也系统地了解了哈佛的图书馆。最初是出于工作需要。再后来，收到了写作本书的邀请，于是刻意去不同的图书馆工作，也特意访问了哈佛大大小小的博物馆。临回国前，又专程走访了几家未曾利用过的图书馆。

在美国，图书馆是大学的核心，是校园文化的核心。图书馆不仅是借书还书的地方，是学生的阅览室，也是学者的办公室。令我意想不到的是，大多数图书馆都有专门给读者休息、打盹儿的沙发椅，甚至还有垫脚的小凳子。

走进哈佛任何一个图书馆，在入口处都可以拿到一幅校园地图，上面标注着每一个图书馆的位置。在哈佛官网的页面上，有电子版的哈佛地图，其中专门有一个选项，可以在图书馆的位置标识一个小绿书图标。

图书馆散落在校园里，校园里处处是图书馆。在哈佛名下，总共有79座图书馆和档案馆，有综合馆，有专业馆，每个馆都有值得夸耀的历史。

哈佛最早的校园就是现在哈佛广场（Harvard Square）附近的哈

佛园（Harvard Yard），哈佛最早的图书馆当然也坐落在这个园。这里有哈佛图书馆主馆韦德纳（Widener）、最受本科生欢迎的拉蒙特（Lamont）和珍本善本馆霍顿（Houghton），还有安身于爱默生楼（Emerson Hall）、塞韦尔楼（Sever Hall）等建筑中的小型图书馆，在地图上显得非常密集。后来，哈佛校园以哈佛园为中心向外扩展，图书馆也随之扩展。

哈佛园北出口正对着的大楼叫科学中心，我所访问的科学史系就在这座楼里。这座楼里有历史科学仪器博物馆，还有一座综合性的科学图书馆卡博特（Cabot）。

在科学中心西侧，有美术图书馆；向北，有物理系图书馆；再北，有法学院图书馆。

从科学中心向东向北，有哈佛燕京图书馆，还有哈佛自然博物馆、人类学博物馆；再向东北，有神学院图书馆。

从科学中心向东向南，有设计图书馆、艺术博物馆、电影档案馆，再向东，又回到哈佛园。

从哈佛广场向南，有中国人熟悉的肯尼迪政府管理学院及其图书馆，再向南，经安德森纪念桥（Anderson Memorial Bridge）过查尔斯河，是哈佛商学院及其图书馆，再往南是哈佛工程与应用科学学院及其图书馆。从行政区划上，过了

0-2　哈佛地图局部，每一本打开的小绿书都是一个图书馆

（哈佛官网截图2017.8.2）

河，就离开了剑桥，进入波士顿的北奥斯顿（Lower Allston）地区。

在哈佛广场北面，美术图书馆西侧，是硕大的剑桥公园。剑桥公园属于剑桥市政，不是哈佛校园的一部分。在剑桥公园西侧，是哈佛的拉德克利夫园（Radcliffe Yard），其中有一座女性图书馆。从此园西北门出去，是哈佛教育学院及其图书馆。

从剑桥公园沿着康科德大街和公园街向北，是哈佛天文系的院落，其中有哈佛天文台和天文图书馆。这里距离我的住处最近，但我去得最晚。

哈佛医学院和公共健康卫生学院与哈佛园不相邻，远在波士顿另外一角，那个校区里有一座哈佛医学院图书馆。

哈佛的阿诺德树木园（Arnold Arboretum）距离更远，在波士顿南郊牙买加山地区，距离哈佛园大约十公里，坐公共汽车要四五十分钟，开车也要二十分钟。里面有一个小型图书馆。

0-4

哈佛园西墙
的 标 志 性 建
筑 ： 约 翰 逊 门
（ J o h n s o n
Gate） ， 门
外是紧邻麻省
大道的皮博迪
街 （ Peabody
Street），
向南不远就
是 哈 佛 广 场
2013.9.19 16:52

哈佛还有图书馆机构在华盛顿特区，尚未找到机会拜访。

旅行在美国的城镇乡间，常常能遇到图书馆和博物馆。每一个镇
配置一个公立图书馆，是美国的建制化要求。这些图书馆都是向公众开
放的，几乎都可以随意进出，不需要出示证件。

很多小镇都有介绍自身历史的博物馆，比如波士顿西北方向的
康科德镇（Concord），出了爱默生（Ralph Waldo Emerson，1803—
1882）、梭罗（Henry David Thoreau，1817—1862）、霍桑（Nathaniel
Hawthorne，1804—1864）、奥尔柯特（Louisa May Alcott）等好几位
世界级名人，镇口的小博物馆也就特别自豪，展示他们在镇里的生平
活动。

在去康科德的路上，我曾路过林肯郡（Lincoln）、列克星敦郡
（Lexington）的公立图书馆，并且专门停车，进去坐坐。

这些公立图书馆在当地社区中承担着重要的文化功能。

0-5 剑桥公立图书馆主馆内景一角，由此可想象其规模 2014.02.26

0-6 剑桥公立图书馆alma boudreau observatory hill branch分部 2013.10.06

　　早在2007年，我在西海岸的加州大学伯克利校区访问时，常去伯克利公立图书馆，办了读者卡。办证材料非常简单，只要一个身份证件，加一个房租合同——证明我住在伯克利，不到十分钟就办好了。只是当时，不知道这是美国的常规设置。

　　在哈佛访问期间，我也同样访问了剑桥公立图书馆，办了读者卡，只是从来没有借过书。剑桥公立图书馆是一座恢宏的大楼，地上建筑有四五层。在我住处附近，我还发现了一个小小的分部。

　　麻州北部相邻的是新罕布什尔州，从波士顿向北驱车几个小时，可以到这个州最好的大学，达特茅斯学院。我也专门访问了其中的图书馆，可以随意进出，不需要出示证件。

这样的情况在美国非常普遍。由于要写这本书，每次出行，我都会刻意去看一下图书馆。算起来，访问期间我去过达特茅斯学院，耶鲁大学，北德州大学，休斯顿大学，著名的七姊妹女子学院之首的卫斯理学院（Wellesley College），另一所七姊妹曼荷莲学院（Mount Holyoke College），加州大学伯克利校区、圣塔芭芭拉校区和洛杉矶校区，大洛杉矶地区克莱蒙镇的几所文理学院和神学院。这些学校的图书馆，都是面向公众开放的，几乎都不用证件，就可以进入阅览室。

美国的大学是开放的，图书馆也是开放的。

不过，哈佛的图书馆几乎都是要出示哈佛的证件的。也许是游客太多吧。即使如此，要进入哈佛的图书馆，同样是很容易、很简单的。

我在哈佛期间，曾经把哈佛的图书馆作为旅游点，带领外地来的朋友参观。比如去韦德纳，我只要用我的哈佛证件就可以在门口领两个临时的入门证，带两位朋友进去参观。去拉蒙特就更简单了，只要跟门卫打个招呼，就可以带四个人进去。

如果你想来哈佛游玩，参观哈佛图书馆，只要你在哈佛有一个朋

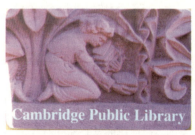

📷 0-7

我的剑桥公立图书馆读者卡

📷 0-8

我的哈佛校园卡

友，无论是学生、老师，还是访问学者，都可以请他带你进去。哈佛自然博物馆的门票是10美元，持有哈佛证件则免费。不但自己免费，还可以带一位客人。

虽然进哈佛图书馆需要证件，但是，要办一个哈佛图书馆的证件却不难。我在哈佛期间，有一位在华盛顿特区访问的朋友要在哈佛附近住一段时间，我带他去韦德纳图书馆，很快就办了一个临时的哈佛图书馆读者卡，有效期几个月。凭着这个证件，他就可以出入哈佛所有的图书馆，也可以借书。

回想起2007年，我曾经访问美国国会图书馆，只用了不到二十分钟，就用我的中国护照办了一个读者卡。

这是图书馆开放性、公共性的一个体现。

在美国，我深深地感受到图书馆的服务功能。图书馆固然要藏书，但是藏书的目的不是藏，而是让人读。每一个图书馆都会为读者提供各种方便，欢迎大家来读书，鼓励大家来读书。甚至，还有一些专业图书馆会提供奖学金，邀请学者前来访问，条件就是利用这里的藏书。

美国图书馆的联网功能极为强大。2007年，我在伯克利访问的时候就被震撼到了。当时我在图书馆的系统里检索到一本书，但是这本书不在伯克利，而是在另一座城市的另一所大学的图书馆里。我只是填了一个单子，一个星期之后，我接到图书馆的邮件，让我来取书。这本书专门为我寄来了，而我不需要付任何费用！

图书馆不仅是大学的核心，也是美国市民文化的重要部分。

2017年8月3日　北京向阳小院

2022年2月2日　广东惠州

HARVARD'S
LIBRARIES AND
MUSEUMS
—

哈佛的图书馆和博物馆

上篇　　哈 佛 园

PART I

哈佛园北门之梅耶门，正对哈佛科学中心

地标建筑约翰逊门

哈佛园西南门

哈佛广场地铁站

哈佛园南西门

南西二门

哈佛园南门之一正对韦德纳后门

哈佛园东南门拉蒙特门

哈佛园东门

0-9 哈佛园地图（依据谷歌截图制作 2018.5）

逛哈佛，通常是从哈佛园开始。因为交通方便，从红线地铁哈佛广场站出来，最近的就是哈佛园的西南门和南西门。从两个门进去，走不远就可以隔着草坪见到著名的哈佛先生雕像（图0-9-⑤）。这是哈佛园的标志建筑，常有游客排队与他合影。

哈佛园是哈佛大学的核心区，是哈佛大学的发源地哈佛学院所在地。哈佛图书馆主馆韦德纳也在这里。

粗略地说，可以把哈佛园看作一个略有倾斜的正方形。按照园内的道路，在哈佛园中间横竖各画一道中线，就把哈佛园分成四份。南北的中线沿着韦德纳的西墙一直通向北门。东西向的中线从约翰逊门开始，中间稍向南偏一点，一直顶到爱默生楼的西墙。这样一来，哈佛园的东南四分之一，恰好就是图书馆最集中的部分。

约翰逊门几乎位于哈佛园西墙的中间，是哈佛1855班学生塞缪尔·约翰逊（Samuel Johnson）捐建的，1889年建成，现在成了古迹，是哈佛园的标志性建筑。哈佛雕像正对着约翰逊门。

在哈佛雕像的东南方向，是整个哈佛园内最大的单体建筑，就是我们要重点介绍的韦德纳图书馆（图0-9-①）。韦德纳旁边是霍顿图书馆（图0-9-②）、拉蒙特图书馆（图0-9-③）。在拉蒙特和霍顿之间，还有一个普赛图书馆（图0-9-④），不过，现在它已经没有独立入口，要从拉蒙特地下一楼通道进入。

哈佛园虽有围墙，不过随处有门，进出特别方便。除了我图中标识的之外，每一条指向园外的路口，都是一个门。

拉蒙特在校园的东南角，与昆西街（Quincy St）相邻。拉蒙特旁边的东南门处有一个校车站点，我常常从这儿直接去拉蒙特。

在拉蒙特北面，有一处相对独立的院落，叫作塞韦尔方院（Sever quadrangle）。南面是爱默生楼（图0-9-⑥），哈佛大学哲学系所在地，楼中有鲁宾斯哲学图书馆（Robbins Library of Philosophy）。北面是鲁滨孙楼（Robinson）（图0-9-⑦），历史系所在地。历史系与哲学

📷 0-10

哈佛园西南角
常见的景象：
一些彩色的椅
子散落在草坪
中，哈佛师生
或者游人随时
可以坐下来小
憩、读书，脚
下随时有松鼠
穿梭

2013.9.18 9:08

系中间夹着南北向的塞韦尔楼（图0-9-⑧）中，楼有一座格罗斯曼图书馆（Grossman Library），这是哈佛继续教育学院（Extension School）的图书馆，其中书不外借，只限馆内阅读，我没有去过。

哲学图书馆我只是路过，没有在其中工作过。我当时虽然在北师大哲学系教书，不过每次去美国大学访问，接待单位都是科学史机构，而不是哲学系。哈佛历史系也有教授与我的研究有关联，不过在哈佛两个学期，没有联络。

从北门梅耶门出去，正对着的是哈佛科学中心（图0-9-⑨），由此向西，是美术图书馆（图0-9-⑪）。向东，是著名的桑德斯剧场（图0-9-⑩）。这个区域，下一章再介绍。

这一篇的介绍从韦德纳开始。

第一章

哈佛图书馆主馆，
圣殿一般的韦德纳

从哈佛雕像向北，沿路向东，就看到一大片草坪，草坪正南，一座神殿般的建筑，就是哈佛图书馆主馆，韦德纳。

从空中看，韦德纳图书馆外形呈矩形；南北长约76米，东西宽约61米，高约24米；从外观看，似乎只有两三层楼，但其内的书库有十层。书架总长度达92公里，单是过道就有8公里。按照2005年的统计，藏书达350万册。[1]按照维基百科的说法，韦德纳图书馆是世界五大图书馆之一，与美国纽约公共图书馆、美国国会图书馆、法国国家图书馆和英国不列颠图书馆齐名。[2]

韦德纳图书馆的正门在高高的台阶之上，冬天的时候，白雪覆盖，更显得威严。

走近韦德纳，仰头可见廊柱上面的门楣中刻着一行字：

THE HARRY ELKINS WIDENER MEMORIAL LIBRARY

A D MCMXIV（哈里·埃尔金斯·韦德纳纪念图书馆 公元一九一四）

这是韦德纳图书馆的全名和建馆时间。

📷 1-1 从哈佛园北侧的纪念教堂（memorial church）看哈佛图书馆主馆韦德纳 2014.1.25

1-2　韦德纳正立面，门楣上的铭文清晰可见。此图摄于2013年11月15日，波士顿已经入冬，雪后，台阶两侧都封了起来，读者只能走台阶正中临时铺的木制台阶进入正门

泰坦尼克号与韦德纳图书馆

拾级而上，正门外一个红色的牌子，上书：请出示哈佛证件。大门沉重，需要特别用力才能拉开，进入门廊。门廊两侧墙上各镶一块白色大理石，铭文简要说明了韦德纳图书馆的来历，一个悲伤、感人的故事：

> 哈佛毕业生哈里·韦德纳先生随泰坦尼克身葬大海，他的
> 母亲埃莉诺向哈佛捐献了这座图书馆，并以爱子之名命名。

📷 1-3

这块碑位于门廊东侧的墙上
上面写着：
哈里·埃尔金斯·韦德纳
这所大学的
一名毕业生
生于1885年1月3日
逝于海上1912年4月15日
同归沉没
于那艘蒸汽船
泰坦尼克

📷 1-4

这块碑镶在门廊西侧的墙上
上面写着：
这座图书馆
之建立
为诚挚怀念
哈里·埃尔金斯·韦德纳
由他的母亲
埃莉诺·埃尔金斯·韦德纳
捐献
1915年6月24日

再拉开一道沉重的木门，进入大堂正厅，马上会遇到一排简单的安检门，把哈佛校园卡按在感应器上，门会自动打开。走过去，就算是正式进入韦德纳了。

大厅高大开阔。左侧走过去是韦德纳的借书柜台，柜台旁的道路通向书库。穿过正厅，沿着宽阔的大理石楼梯走上去，是图书馆的心脏部位，哈里·韦德纳先生的纪念室。从空中看，这个纪念室就在整个建筑的中心，被四周的矩形部分包围着。这是整个大楼最庄重的位置。

📷 1-5
走过正厅，沿楼梯而上，画面正中是韦德纳纪念室

📷 1-6
在韦德纳纪念室门口反拍，视线尽头是入口大门
（两幅照片均由Will Hart摄影，摄于1990年8月21日）

📷 1-7

韦德纳纪念室外
一个玻璃展柜中
的一角。左侧照
片是哈里·韦德
纳参演的《食莲
人》集体剧照，
红色箭头所指；
右侧照片是哈里
的剧照，他在剧
中的角色是巴特
沃思先生（Mr.
Butterworth）
（来自哈佛图书
馆官网）

　　纪念室是一个圆形建筑，南墙正中壁炉上方挂着哈里·韦德纳
的画像，四周是从地板顶到天花板的巨大书柜，古朴庄重。书柜中
存放着3300部哈里生前搜藏的珍本书籍。室内一角是哈里本人的办
公桌，另外一侧也有桌椅，供读者使用。

　　纪念室门外摆放着几个玻璃展柜，陈列着哈里·韦德纳生前的
一些资料，有他在哈佛的成绩单，有他参加剧社演出的海报……在
哈佛官网上[3]，还能看到关于韦德纳更为详尽的介绍。

　　哈佛大学是著名的私立学校，学费高昂。虽然现在，普通人家
的孩子可以获得各种学费减免以及各种奖学金，进入哈佛。但是在
一百年前，说哈佛大学的校园里都是富家子弟，并不夸张。

　　韦德纳一家是宾州有名的富商。哈里的爷爷（P. A. B. Widener）
在宾夕法尼亚州的一座小城切尔滕纳姆（Cheltenham）创业，从屠

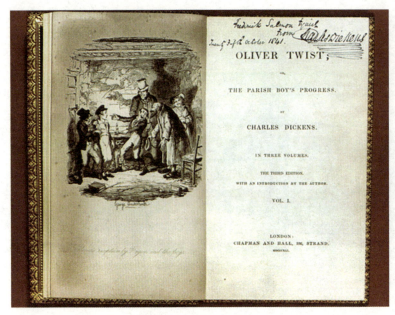

📷 1-8

哈里·韦德纳的第一笔珍品藏书，《雾都孤儿》第三版题赠版，这一版于1842年在伦敦出版，由当时英国著名漫画家和插图画家乔治·克鲁克香克（George Cruikshank，1792—1878）配图。奇怪的是，右上查尔斯·狄更斯的签名，却写着1841

（来自哈佛图书馆官网）

夫做起。在美国南北战争期间，曾向联邦军队出售棉花。战后从政，并购买了有轨电车生产线，建设费城的有轨电车线路。再后涉足公路、烟草、钢铁等行业，在石油行业投下巨资。他在1915年去世的时候，已经拥有亿元美金资产（相当于今天的20亿美元）。[4]

哈里·韦德纳于1903年就读哈佛学院，1907年毕业。他主修历史，还选修了英语、艺术和希腊语等课程。他参加过很多学生社团，其中最为著名的是海斯蒂布丁学社（Hasty Pudding），这是一个1770年创建的学生剧社。哈里在剧社中的最高成就是在毕业那年参演了剧社成员编剧配乐的《食莲人》（*The Lotos Eaters*），剧名源自希腊神话《奥德赛》，但是看剧照中的演员服饰，讲的应该是近代欧洲的故事。

在学生时代，哈里·韦德纳就有了藏书的爱好，起初，他关注他所热爱的作家狄更斯、斯蒂文森、莎士比亚等作品的初版。由于剧社的活动，他对演员服饰产生了兴趣，也搜集了这方面的书籍。

哈里认真记录了他购买的每一本书，这个账册保存在韦德纳图书馆中。账中记载，哈里第一笔严肃的藏书消费是，他从费城一位书商手中购买了一本查尔斯·狄更斯《雾都孤儿》第三版的题赠版，价值200美元，上有狄更斯的亲笔签名。这在当时是一笔巨款。

　　可以想象，有哈佛的学养，有家族的支持，哈里的藏书生涯进展顺利。他在25岁的时候，就已经在藏书界获得了一席之地，成为两个著名藏书俱乐部的会员：The Grolier Club和The Bibliophile Society。

　　1912年3月10日，他给他的朋友纽约书商路德·利文斯顿（Luther Livingston）写信，告诉他将要去伦敦买书，并于4月10日乘泰坦尼克首航回来。

　　在信的末尾，他说："一个秘密，爷爷买了一本纸本马萨林圣经（Mazarin Bible），我希望是送给我的，但是，不是。"[5]

📷 1-9　哈佛图书馆馆藏古腾堡圣经第一页局部。在哈佛图书馆官网上，可以看到其中14页的高清照片

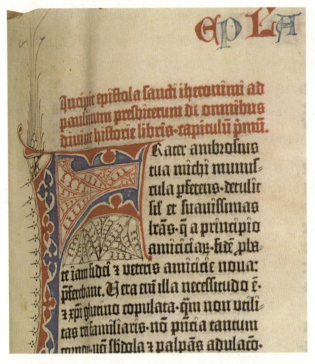

📷 1-10

美国国会图书馆馆藏古腾堡圣经第一页局部。美国国会图书馆已经把这部古腾堡圣经的高清照片全部放在网上，提供不同大小的尺寸，TIFF图像大者超过300MB。这是我从该网页上截取生成的局部。图像使用全部免费，只需加上这行字：Image provided by: Library of Congress, Washington, DC Link to the full image: https://www.loc.gov/resource/rbgut.vol1/?sp=3

　　马萨林圣经现在以古腾堡圣经（Gutenberg Bible）而知名。古腾堡圣经在印刷史上大名鼎鼎，这是欧洲也是世界上第一部大批量活字印刷的书籍。德国人约翰内斯·古腾堡（Johannes Gutenberg，1400—1468）在1450年初期改进了活字印刷，使其机械化、采用油质墨水，投入使用。在1455年左右，古腾堡开始大规模印制圣经。

　　古腾堡圣经最初每页40行，后来为节省纸张，缩小了行间距，改为42行，被称为四十二行圣经。这个版本也是大部头，必须装订为两卷。

　　古腾堡圣经是拉丁文本，包括旧约和新约。初上市时，售价为每部30弗罗林（florin），相当于当时普通职员三年的工资。即使如此，也远远比手抄圣经便宜。

　　古腾堡的机械活字印刷被誉为一场印刷术的革命，也是人类历史上的一个里程碑，对于文艺复兴、宗教改革、启蒙运动以及科学革命，都起到了关键性的作用。

古腾堡圣经的总印数不详，后人估计在160—185部之间。其中有四分之三印在纸上，四分之一印在犊皮纸上。哈里在信中说，他爷爷购买的是一部纸本。

德国学者伊洛娜·胡拜（Ilona Hubay，1902—1982）在1985年发表了一项成果，她逐一考证了幸存于世的古腾堡圣经，共47部，为之一一标号。此后，又有学者发现在俄罗斯尚存两部，一纸一皮，一足一残，原在德国莱比锡，"二战"期间作为战利品被运到莫斯科。

截至2009年，古腾堡圣经全球共有49部，其中只有21部为足本，其余为残本。这49部藏于德国、英国、美国等各大图书馆、博物馆中。梵蒂冈存有两部，都是残本。亚洲只有一部残本，在日本。[6]

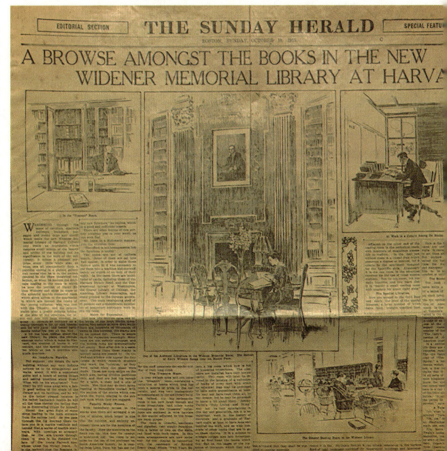

1-11
韦德纳纪念室外，另一个展柜中陈列了一张报纸《波士顿星期日先驱报》，时间是1915年10月10日，报纸上介绍韦德纳开馆的情况，并附有一张韦德纳纪念室的版画。一位女性坐在韦德纳先生的画像前，正在读书。右下的版画引起了我的注意，我注意的是画面中的椅子（来自哈佛图书馆官网）

哈里的愿望在他死后实现了。1944年，哈里的兄弟姐妹把家中的古腾堡圣经捐赠给韦德纳图书馆。胡拜标号为40，足本，纸本，42行，两卷。其中一卷永久展示在哈里纪念室。

1913年，泰坦尼克号上的一位幸存者出版了一部著作《泰坦尼克号的真相》（*The Truth about the Titanic*），列出了各救生艇中的幸存者名单，其中有"韦德纳夫人与女仆"，而在死难者名单中，有"韦德纳先生及其儿子哈里"。

哈里与他的父母同时登船，却未一同下船，他与他的父亲都是泰坦尼克号上的绅士。

📷 1-12　哈里的母亲埃莉诺·埃尔金斯（Eleanor Elkins，1862—1937），婚后名Eleanor Elkins Widener，再婚后以Eleanor Elkins Widener Rice或Mrs. Alexander Hamilton Rice而知名于世。埃莉诺随莱斯博士多次深入南美，是第一个进入尼格罗的白人女性

哈里曾在1909年10月6日签下一份遗嘱，委托他的母亲埃莉诺执行。由她来判断，只要哈佛大学能够善待他的藏书，就将他的藏书捐给哈佛，并命名为"哈里·埃尔金斯·韦德纳藏书"。

哈里去世之后，埃莉诺与当时的哈佛校长劳伦斯·洛厄尔（A. Lawrence Lowell，1856—1943）频繁沟通。起初，她只是想在哈佛原图书馆里捐建一座特别的藏书室。最后，她决定捐一座全新的图书馆，不仅用来保存儿子的藏书，也将作为整个哈佛的图书馆主馆。

从资料上看，整个工程都是埃莉诺主持的。她出资，她请建筑师，她拍板决定图纸。哈佛原图书馆戈尔礼堂（Gore Hall）被拆除，在原址之上，建造了哈里·埃尔金斯·韦德纳纪念图书馆。不确定的是埃莉诺到底出了多少钱，她本人估计是200万美元，实际上可能超过

📷 1-13 雪中的韦德纳正门
2014.1.18

📷 1-14 冬天，大雪覆盖，韦德纳的正面台阶只有正中一条铺上了木栈道，其余部分用线拦住，上面的牌子上写着：考虑到冬季路况，请用中央步道 2013.12.15 15:55

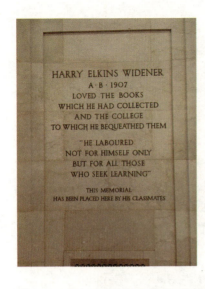

📷 1-15

韦德纳厅堂墙面一处铭文，上书：

哈里·埃尔金斯·韦德纳
1907届毕业生
他热爱
他所收藏的书籍
和这个
他所捐献了藏书的学院

"他的贡献
不仅是为他自己
也为所有那些
求学的人"

这块铭石
由他的同学置放于此

2017.9.1

350万美元（相当于2016年的6000万美元）。

在图书馆的落成典礼上，埃莉诺遇到了医生、地理学家、地质学家、探险家亚历山大·莱斯（Alexander Hamilton Rice Jr., 1875—1956）。几个月后，他们结婚了。莱斯以亚马孙盆地探险而知名，后来做过哈佛地理教授，创建了哈佛地理探险研究所（Harvard Institute of Geographical Exploration）。

曾有报纸报道，说韦德纳图书馆是韦德纳的爷爷捐赠的，这引起了埃莉诺极大的不满。莱斯的说法更加激烈："虽然图书馆的名字里有韦德纳，但是对于这个图书馆的筹划和建设，韦德纳家族没有贡献一分钱、一秒钟的思想、一盎司的精力。"[7]

韦德纳图书馆是一位母亲对儿子的怀念。

1913年6月16日，埃莉诺用一把银铲掀起了第一锹土，为图书馆奠基。1915年6月24日，图书馆正式投入使用。埃莉诺满足了儿子的心愿。她儿子的名字永远地刻在哈佛园最醒目的地方，他儿子的画像永远地挂在哈佛园的地理中心和精神中心。

在图书馆名称中，也有她自己家族的名字：埃尔金斯。

1-17 正门右侧红色牌子上写着：请务必出示哈佛校园卡，进入此楼 2013.9.18 9:12

1-16 韦德纳二楼正门，门楣上的大理石石雕是哈佛校徽，大门玻璃上反射着校园风光。注意门口右侧立着一个红色的牌子，左侧是一个垃圾筒 2013.9.18 9:12

1-18 正门左侧垃圾筒上的牌子写着：入口25英尺内禁止吸烟 2013.9.18 9:12

主阅览室朝圣：百年桌椅

韦德纳的楼层有点儿复杂。按照我们通常习惯的说法，韦德纳纪念室的入口在半层楼的位置，再向上半层，是韦德纳的主阅览室。

这个阅览室有个名字，叫洛克阅览室（Loker Reading Room），我不知道名从何来，能联想到的第一个名人是英国哲学家洛克（Locke），当然，拼写不同。

起初来这个阅览室读书，同样给我一种朝圣的感觉。第一次进门，不动声色地吃了一惊。太大了，像个礼堂。比几百人大教室还要大。而且高，像个宫殿。仰头远望，

📷 1-19 韦德纳的主阅览室，这是在我最喜欢的位置，用iPhone 4手机加鱼眼镜头拍摄。由此图可以看到主阅览室的整体格局和面貌。首先能看到它的深远和宽大，上面的穹顶，尽头的窗子——窗外是另外两座图书馆拉蒙特和霍顿。画面左侧一排大窗户是韦德纳的北侧，窗外是廊柱。右侧石柱位置是正门。正门位于整个阅览室东西方向的正中，我的位置差不多是最后一排最左侧。在我的背后，是另外一个空间，供休闲、休息之用 2013.11.4 16:23

📷 1-20 图1-19中我身后的位置。画面近景是一个沙发，是我坐在邻近的另一个沙发上拍摄的。这里分割出另外一个空间，只摆了两张大桌子。座椅的样式与正中不同。在临墙处，放置着几对沙发。读者在书桌前坐累了，可以来沙发上休息，甚至可以打盹儿 2013.11.1 02:25

📷 1-21　还是前一幅图这个空间，坐在沙发上拍摄　2014.5.12

📷 1-22　主阅览室
的工作氛围是这样
的，再请注意椅子的
样式　2014.5.12

可见穹顶的藻饰和花窗。穹顶下，悬着盏盏吊灯。与其说是光源，不如说是装饰。

　　正门开在正中，两边望去，几十排大桌子，一直延伸到尽头，每个座位前有一盏台灯，黄铜灯罩，古朴温暖。不论屋子里有多少人，都是静悄悄的。即使顽童，在此气氛下，也会不由自主地屏住呼吸。

　　主阅览室位于韦德纳图书馆的二楼北侧，贯通东西。韦德纳是一座长方形建筑，东西长约61米。从楼外看，视觉感受会更加清楚，廊柱顶端后面的所有窗户，都是这个阅览室的。60米长的阅览室，可以放两个网球场。站在东西两端窗口的两个人，要用望远镜才能互相看清。

　　2013年秋天，我刚来哈佛的时候，常常来这个殿堂一般的阅览室。在这里读书、工作，仿佛先哲的神灵就坐在穹顶之上。

　　人有左右手，也有左右行。每次推开大门，进入主阅览室，我习惯向左转，走到比较深的地方，坐下来。桌子很大，是我喜欢的实木桌面，就我有限的家具知识来看，是鸡翅木，一种硬木。椅子也是同样材质，样式古朴。

📷 1-23　北侧窗外可见廊柱顶端的装饰。远处是哈佛园的另一个标志性建筑，与韦德纳隔草坪相望的哈佛纪念教堂的尖顶　2014.5.12

　　过了一段时间之后，我发现，椅子的样式百年未变。前面我写过韦德纳纪念室外橱窗里的一张报纸，上面主阅览室的版画中，可见当时的桌椅。再来到主阅览室，看现在的椅子，不由得让我深深感慨。或者是当年的桌椅使用至今，或者是每次更换、修补、翻新，都保持了原来的式样。不仅建筑本身，连桌椅都赋予了历史感。

　　2014年5月12日，一定是美好的一天，波士顿漫长的冬天已经过去，我在这一天又回到主阅览室，拍下了很多照片。

📷 1-24　从阅览室的另外一端看过去，效果差不多　2014.1.25

📷 1-25

主阅览室的很多细节值得铭记

1.穹顶的天窗

2.台灯与天窗

3.百年不变的椅子

4.四周随处可见的硬木书架,放着各种工具书

2014.5.12

📷 1-26

静悄悄的大厅,各自忙碌的人

2013.9.11

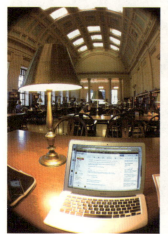

📷 1-27　同一个位置，两个不同的角度　2013.9.11

📷 1-28　在这个阅览室，我只留下了寥寥几张照片。2014年5月13日，哈佛已经到了期末，我在哈佛安静读书的最后一段时间　（鲍枫 摄）

📷 1-29　一个大阅览室似乎是大图书馆的标配。这是加州大学伯克利校区图书馆主馆多伊纪念图书馆（Doe Memorial Library）的主阅览室　2014.2.21

书库如迷宫，叠床架屋，藏着鸽子间

1900年，哈里的爷爷在切尔滕纳姆建造了一座有55个卧室共110个房间的豪宅林纳武德宫（Lynnewood Hall），这座大房子拷贝了英格兰巴斯的一座新古典主义建筑，建筑师是贺拉斯·楚门鲍尔（Horace Trumbauer）。之所以要提这个人的名字，是因为哈里的妈妈又请他设计了韦德纳图书馆。他也因此获得了哈佛的荣誉学位。这两座建筑的外形非常相似，只是韦德纳要大得多。

韦德纳图书馆外观方方正正，但其内部结构相对复杂，如同迷宫一般，需要经过一段时间的摸索，才能慢慢熟悉。

韦德纳图书馆的主体结构是一个长方形外环，包围有巨大的空间和少数建筑，最重要的是正中的韦德纳纪念室。外环建筑又可分内外两个部分，外侧是书库，共十层，地上六层，地下四层。内侧是一些办公、科研机构。主阅览室贯通内外。内外层高不同，内侧只有地上三层，地下一层。大阅览室位于内侧的二楼，相当于书库的地上三、四层。书库与内侧相对隔绝，工作人员有特殊的通道。普通读者要从大阅览室进入书库，只能先回到一楼，从一楼东侧出纳台附近的入口进入书库。在这里，还要再一次出示哈佛校园卡。

进入书库，是一个幽暗的书的世界。四面八方都是书，每一个方向都看不到尽头，因为光线暗，只能看到邻近的部分。书架里的灯是自动的，人走到哪里，灯亮到哪里。我想这不是为了节省能源，而是为了保存图书。在没有读者的地方，只有过道安静暗淡的灯光。过道漫长，似乎没有尽头。实际上也没有尽头，因为书库是环形的。沿着

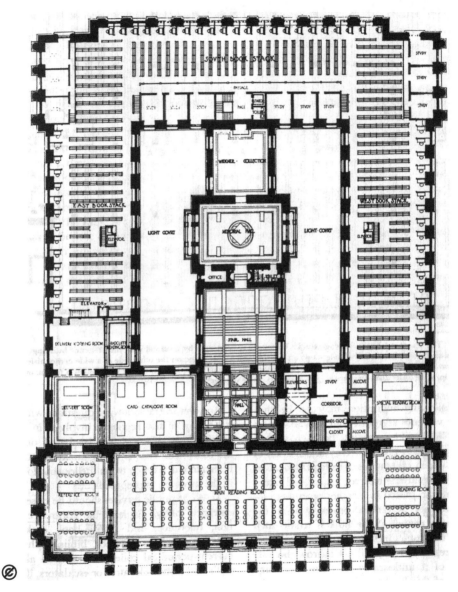

📷 1-30　韦德纳二楼截面的设计图纸，可以看到韦德纳的整体结构。图纸的方向与普通地图不同，下北上南，左东右西。画面正中有圆圈标识的是韦德纳纪念室，画面下方正中是主阅览室。在这个设计图中，阅览室东西两侧分别有一间工具书阅览和特别阅览室，不过现在它们与主阅览室之间只隔着几根柱子，没有门，所以实际上是一个硕大的阅览室　（来自维基百科Widener Library词条　Public Domain）

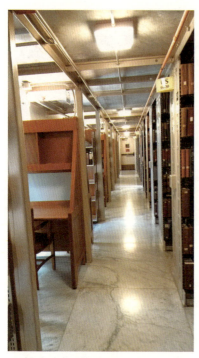

1-31 2013年9月18日，我第一次进入韦德纳的书库。大为震撼。此图左侧是临窗的鸽子间，右侧是书架。由于临窗，这儿的光线比较好

1-32 第二天，我又来到韦德纳书库。显然，这个鸽子间已经被人占用了
2013.09.19

一个方向一直走，走着走着，就回到了起点。

书库的楼层比较矮，个子高的，一举手就能摸到天花板。有一种古堡迷宫的感觉。书架总长度达92公里，单是过道就有8公里。按照2005年的统计，藏书达350万册。

曾经有一个哈佛女生说，每次进这个迷宫的时候，就有那么一种感觉，如果不带上指南针、三明治和哨子，都不敢进门。说这话的是61班的哈佛学生露西（Lucy），她的母亲巴巴拉·塔奇曼（Barbara W. Tuchman）把露西的话写进自己的书里，表达她自己对韦德纳书库的感受。巴巴拉·塔奇曼是位历史学家、记者，两次获得普利策奖，第二次获奖的作品与中国有关，《史迪威与美国在中国的经验》，有不止

一个中译本。

在图书馆里经常能看到一种集成了书桌和书架的工作台，它有一个专门的英文名字：carrel，意为围起来的小块空间，有人译为小隔间，也有人译为卡座，也很像大公司里的工位。我喜欢叫它鸽子间：像个鸽子笼子，又与格子间同音。当然，也不妨译为工作台，但与原词相比，显得呆板。

在韦德纳书库的密密麻麻的书架的缝隙里，尤其是临窗的地方，设置了大量的鸽子间，根据图纸，总共约有300个，方便读者工作。此外，书库里还有大约30个工作室，也作小组讨论之用。在韦德纳设计图纸中，可以清楚地看到临窗的鸽子间和内部的小工作室。

鸽子间可以供读者临时使用，也可以长期使用。的确有些人就是

📷 1-33 2013年9月18日，这个鸽子间位置不错，就放下包，工作一会儿吧 2013.9.18

📷 1-34 随手从身后的书架上拿一本书，随手翻开一页，是19世纪法国画家欧仁·富尔的维纳斯 2013.9.19

把图书馆当作办公室的。我见到很多这样的鸽子间。占用的方式也很简单，把书架上的书籍搬到鸽子间里，贴一个自己的标签就可以了。馆员也不会把这些书籍再放回书架。对于某些需要密集参考某领域图书的读者来说，在这里集中工作是非常方便的。所需要的书就在身边，随时取阅，不用借书还书，搬来搬去。一旦工作完成，就可以挥挥衣袖，作别满屋的书架。当然，也可以换一个楼层，或者换一个图书馆。

巴巴拉·塔奇曼就用过这里的鸽子间，她不吝笔墨，盛赞韦德纳的书库。她说：

> 就是韦德纳的书库，它们是我的阿基米德浴缸、燃烧的荆棘、发现我自己的盘尼西林的碟子，我被允许有一个属于我自己的小隔间，一个窗台下的桌子，小隔间有个奇怪的名字：鸽子间（carrel），在我自己坐在其中一个里面之前，我从未听过这个名字。我的隔间就在942S（英国史）书架的深处，我可以随意在这些书架中漫步，拿起我想要的任何一本书。这个体验太奇妙了。奇妙，就是这个词，妙不可言。在我的精神生活中，我最幸福的日子，就是在韦德纳的书库中度过的，直到大约15年后，我重新开始写历史。[8]

当时，巴巴拉·塔奇曼并不是哈佛的学生。她是七姊妹女子学院之一的拉德克利夫学院（Radcliffe College）1933年的毕业生。拉德克利夫学院自1963年开始与哈佛合作，1977年正式并入哈佛。拉德克利夫学院与哈佛园只隔了一个剑桥公园，相距不远。

工作室供教授使用，学生也可以预约，比较方便三五人的小组集体工作。工作室同样可以相对长期地占用。我曾看到有的工作室外贴着某个人的名字。

韦德纳的书架不是图书馆落成之后搬进来的，而是直接建在里面的。图书馆建设需要解决一个重要的问题，就是承重。满屋子的书堆起来，相当于装了半屋子石头。在现代的公寓楼里，如果家庭藏书过

📷 1-35 从书架深处看我的鸽子间 2013.9.18

📷 1-36 从书架一端看向书架深处，画面近处可见是手稿或档案 2013.9.18

📷 1-37
书架一端标识着图书的内容，近处这一组是希伯来文文献，稍远处蓝色标签的书架里，是早期的大开本希伯来印刷品 2013.9.19

📷 1-38
2017年9月1日重返韦德纳，拍了这个书架：语言学

1-39　韦德纳落成时，斯尼德及其伙伴公司在当年12月号的《图书馆杂志》（*Library Journal*）上为自己做的广告。该杂志可在谷歌图书上免费阅读　（来自维基百科Widener Library词条　Public Domain）

多，也需要特别向建筑商咨询房屋的承重，以免发生意外。

楚门鲍尔在设计韦德纳的时候，采用了当时刚刚兴起的一种金属框架结构的书架，这是由斯尼德及其伙伴公司（Snead & Company, of Louisville, Kentucky）专门为图书馆设计并申请了专利的书架。此前，美国图书馆大多采用木制书架。在18世纪10年代，美国大型图书馆兴起，激发了这项需求。这种书架坚固、自身体积小、书架每层的高度可以调节，特别适合大型图书馆。实际上，哈佛图

📷 1-40 韦德纳在1999—2004年进行了大规模的翻修，这个架子看起来很新，但应该只是重新刷的漆 2013.9.19

书馆旧馆戈尔会堂已经采用了这个专利。

美国图书馆的服务意识常常令我惊叹不已。比较意外的有两个：一个是标识特别齐全、特别周到，在韦德纳书库的每一层，随处可以看到详细的图示，指示道路，指示各领域书籍所在的位置；另一个是公用设备，在韦德纳的每一层都有至少一个公共区域，里面有公共电脑，供读者检索，还有扫描仪、复印机、打印机，读者在这里扫描图书，可以直接转换成PDF文件。每种设备都配有详细的使用说明。我在哈佛没有使用过这个服务，不知道是否收费。

1-41
在书库的每一个楼梯口、电梯口，
都有这样的地图，指引读者走出迷
宫。其中特别标注了出口在一楼
2013.9.19

1-42
电梯间的指示牌，强调紧急出口在
书库B层　2013.9.19

📷 1-43 在书库的迷宫中走着走着，忽然，在电梯间窗户中看到了这个阅览室，别有洞天。这幅照片是后来补拍的 2017.9.1

大吊灯之下的阅览室

📷 1-44　菲利普阅览室（Phillips Reading Room）

左图，从东南电梯间窗口拍摄；右图，从东北电梯间窗口拍摄　2013.9.19

我第一次是在书库电梯间的窗户见到菲利普阅览室（Phillips Reading Room）的，在光线幽暗的书库中转了一段时间之后，忽然见到这个硕大明亮的阅览室，有一种豁然开朗、柳暗花明的感觉。坐电梯上楼，一出电梯，又看到了这个阅览室。过了很久，我大概弄清楚了图书馆的结构。在书库三层以上，东北和东南的两个电梯中间，都有一扇窗子正对着这个阅览室。角度不同，景观不同。

这么漂亮的阅览室，总是要进去坐一坐。我在书库里转了很久，如见海市蜃楼，看得清清楚楚，却不得其门而入。

菲利普阅览室相当于书库内部的阅览室，它有两个入口，位于书库南北两端。进入书库的闸口之后，人一般会直接向前，就会进入迷宫般的书库。右侧有一条不张扬的通道，上几个台阶，就是这个阅览室。从入口外面看不到这个阅览室的全貌，会以为是一个办公区域。另一个入口在阅览室的南端东侧，就在书库一层或二层电梯间旁边，也不张扬，不熟悉地形的人，不会意识到那扇木门里面有一个这么大的阅览室。

从书库的示意图可以看到，这个阅览室贴在韦德纳图书馆东翼的内侧，南北长与内墙相同。

菲利普阅览室的整体风格，与主阅览室相比，显得更加现代，有工业化的气质，同样是实木桌椅，式样更新。阅览室是一个细长的长方形，南北很长，东西很窄，天花板格外高。

天花板透射着自然光，采光很好。一排大吊灯高高地悬在天花板下面，感觉照明的功能弱于装饰的功能。我其实没有在这个阅览室集中工作过，只是在这里临时坐过几次。

📷 1-45　这是一楼服务台附近的菲利普阅览室入口　2013.9.11

📷 1-46　在这个阅览室里读书，感觉是这样的。实木的大桌子，实木椅子，可移动的台灯　2013.9.18

📷 1-47　这里应该是位于东南的电梯间。在这些电梯间，我给诸多好友留过照片。背景如油画一般。不同楼层，有不同的景观。2017年9月1日，我回到韦德纳，终于不能免俗，请朋友给自己照了一张　（秋石 摄）

地下宫殿与南出口

韦德纳有南北两个出口，北门是正门，面对哈佛园，在高高的台阶上面，相当于二楼。南门在一楼。从书库出来，回到一楼大厅，要去南门，先要下楼，仿佛是进入了韦德纳的地下室。我过了很久才意识到，这所谓的地下，其实是韦德纳的一楼。不过，我还是习惯地称这里是地下。

地下是另一种风格，仿佛是一个古城堡。

地下有一些办公区域，也有一些服务设施。从大厅下来，拐几个弯，有一处公共空间，摆放着几组美国街头咖啡馆常见的简易桌椅，与四周的墙壁不大协调。韦德纳唯一让我不大满意的是，整个楼里没有一个咖啡馆。这个公共空间聊补不足。桌椅附近，有一些简易厨具，读者可自行使用。附近还有一个自动售货机，货品不多。

地下的路曲曲折折，但只是视觉上显得神秘，虽然不断地拐弯，实际上没有岔口。没有选项，就不会迷路。拐到最后一个弯的时候，

📷 1-49　韦德纳一楼的公共服务区域，有几个散座，有厨具，可供读者自助使用　2014.1.25

📷 1-50　旁边有一个自动售货机，仅此而已　2013.9.11

回头一看，貌似一个神龛，里面坐着一尊不大的半身塑像。神龛外面，是一个指示牌。

从雕像的位置向南，视线的尽头就是韦德纳的南门。

我去过很多美国大学图书馆，几乎都是开放的。但哈佛图书馆是个例外，管理极为严格。每个出入口除了有电子闸口之外，还有人工检测。门卫有男有女，穿着专门的制服。读者要自己把包打开，经门卫逐一看过，才能通过。

这个规则起初让我很不舒服。我背的双肩包功能多，分区多——单是从外表看，就明显有五层拉链，装笔记本电脑、装衣物、装钥匙……有一次，在韦德纳的正门，也许是拉蒙特，一位门卫用小棍子

📷 1-51
不经意间就会遇到一个塑像
2017.9.1

📷 1-52　站在图1-51中那个塑像的位置，向南看，视线的尽头，就是韦德纳的南门　2017.9.1

逐一指示每一个拉链，让我一一拉开。我克制着不舒服的心理，微笑着配合，不去联想种族歧视之类的宏大问题。我只能这样想，入乡随俗，遵守规则。每个人都做自己分内的事儿。作为门卫，他有权力要求读者开包检查，他就可以要求打开每一个小包。作为读者，服从规则，就把我的包打开给门卫看。而不去质问，为什么看我的包这么仔细，看那个的人包就那么草率——因为那不是我的责任。

所以很快，我适应了这种人工检查，主动打开拉链，逐一拉开，直到门卫示意停止，我再停下来。通常，只拉开最大的两个就好了。而且，这里人人讲礼貌。门卫常常是面带笑容，或者"容止若思"，与读者互相问候早安、晚安、再见、好日子。

2006年刚到伯克利时，一个很强的文化冲击是美国人的礼貌。我当时住在紧邻伯克利的阿尔巴尼（Albany），在街上遇到陌生人，大多会与我主动打招呼。我最初还回头看一下，见身后没人才确认是跟我打招呼，便赶紧回一句。很快我就意识到，这是美国小城文化的一部分。上公交车会与司机相互打招呼，下公交车会跟司机说谢谢，甚至人在中门下车，也隔着半个车厢对司机说谢谢。进出小卖店、餐馆、加油站，主顾之间都互相问候，道别。让我感觉到，这才是礼仪之邦。

高晓松在他的节目里也谈过类似的感受。只不过到了纽约这样的大城市，人多，人忙，街上的陌生人就不打招呼了。但是店铺里，主顾之间，都是频繁地礼貌互动。

我对这些并不陌生，所以对门卫的审查，很快就习惯了。

与门卫相互道过"have a good day"，从南门出来，向前走几步，一回头，就能看到南门的景象。图1-53拍摄于2014年1月18日12：35，与图1-48的地下宫殿照隔着半年，差着季节，时间上穿越了。波士顿漫长的冬天，长达四五个月。

南门看起来实在是太普通了，与正门的恢宏完全不成比例，还是

📷 1-53　大雪中的韦德纳南门，看起来只是一扇很普通的门，注意门楣上的哈佛标志。下图是它的特写

2014.1.18 12:35

📷 1-54　大雪中，韦德纳南门门楣上方的哈佛标志依然清晰：VERITAS，拉丁文，意为真理

2014.1.18

叫后门更贴切。

南门门楣上方装饰着石雕的哈佛校徽，三本打开的书，上面有七个拉丁字母：VERITAS，这是哈佛的校训，意为真理、真相、真实，通常译为真理（truth）。在罗马神话中，Veritas是真理女神；Veritas的母亲是Saturn，农业之神；Veritas有一个女儿，是Virtue，美德女神。农业女神、真理女神、美德女神，这几重关系耐人寻味。农业之神是女性，这很自然。美德之神是女性，也可以理解。而真理之神，竟然也是女性，值得女性主义者做深度解读。在罗马，一个拥有真诚美德（virtue of truthfulness）的人，也会被叫作Veritas。真诚，被认为是一个好罗马人应该拥有的基本品德。所以VERITAS，既是真理，又是真诚。

美国人没有中国人的风水观，作为哈佛最重要的学术建筑，韦德纳的后门开在南侧。正对着后门的，是哈佛园南院墙的一个普通的小门。院墙外，是剑桥的主要街道麻省大道。

虽然是主要街道，其实也只有两条车道宽。马路对面是各种小店铺，正对着的，是哈佛书店。

不过，我们不过马路，让我们从那个小铁门回去，向右转，前往霍顿和拉蒙特。

1. 参见维基百科Widener Library词条。
2. 世界五大图书馆有很多种版本，其中一种版本指五个国家图书馆：美国国会图书馆、俄罗斯国立图书馆、法国国家图书馆、英国不列颠图书馆、中国国家图书馆。参见维基百科Widener Library词条。
3. 本书大量参考了哈佛官网，在不容易引起混淆的地方，不再一一介绍。
4. 参见哈佛官网http://hcl.harvard.edu/libraries/houghton/exhibits/widener/home/2_1.cfm。
5. 参见哈佛官网http://hcl.harvard.edu/libraries/houghton/exhibits/widener/titanic/4_1.cfm。
6. 参见维基百科Gutenberg Bible、Gutenberg、Ilona Hubay等词条。
7. 参见维基百科Widener Library、Alexander Hamilto Rice Jr. 等词条。
8. Barbara Wertheim Tuchman, Practicing History: Selected Essays, Random House, 1982, p15.

📷 1-55 正对着韦德纳后门的一个哈佛园南门，在第2页的地图上有标示它的位置 2014.1.18

📷 1-56 韦德纳南门向前，从哈佛南门出去，就是剑桥最长的街道麻省大道，在南门隔马路对面，是这家哈佛书店 2013.12.20

第二章

高大上的古本珍本馆，
霍顿图书馆

从正对着韦德纳后门的南门进入哈佛园，右转，东行，上几个台阶，就来到哈佛园东南角这个院落。院落不大，南侧与院墙平行的是拉蒙特图书馆，东侧有一座南北向的小楼，就是这一章要介绍的霍顿图书馆。院落中间是草坪、树木，正中一个围栏，围着地下建筑的天井，下面是另外一个图书馆，普赛（Pusey）。

韦德纳建成之后，哈佛图书馆有了充分的空间，难免会大量购书，导致藏书总量飞速上升，以至于连韦德纳也容不下了。哈佛图书馆产生了分流的想法。与此同时，哈佛自身也在成长、扩大。哈佛图书馆不断地建设新馆，图书按照学科门类，分流到各个分馆中，逐渐形成了今天的哈佛图书馆系统。

1938年，前一年上任的哈佛图书馆主管凯斯·梅特卡夫（Keyes D. Metcalf，1889—1983）基于分流的政策，提出一个想法：为了妥善保存珍善本和手稿，应该建设一个专门的分馆，用专门的设施控制温度和湿度。当时，这些书籍都保存在韦德纳的地下书库和邻近珍善本阅览室（现在的期刊阅览室）的书架上。

每当哈佛遇到财政困难时，就会有哈佛校友出现。这一次出现的是1929年毕业的小亚瑟·霍顿（Arthur A. Houghton Jr.），他贡献了他

2-1 从对着韦德纳南门的小铁门进来，右转向东，登上几个台阶，就看到这个景象。这是哈佛东南角，一个相对独立的院落，左侧是霍顿图书馆。正前方远处可见哈佛纪念教堂的尖顶。右前方是罗伯宫（Leob House）的背面，不属于这个院落。镜头右下角是一处地下建筑的天井，天井下面是普赛图书馆。镜头外右侧是拉蒙特图书馆
2013.10.14　16:14

在康宁玻璃公司（Corning Glass Works）的股票。这是这个图书馆获得的最大一笔捐款。1942年，霍顿图书馆落成开放。哈佛成了全美第一个专门建设了珍善本专馆的大学。

霍顿图书馆是一座经典的新乔治亚风格（neo-Georgian）的建筑，由波士顿的一家建筑公司设计，当时整合了温度控制、空气过滤、安保、书架材料等多项技术。霍顿图书馆获得了建筑设计大奖，成为此后同类图书馆的模范。[1]

霍顿建成后，哈佛的珍善本和手稿有了统一的收藏和管理。甚至位于韦德纳中心的哈里收藏室，也划归到霍顿的体系中。

梅特卡夫在哈佛图书馆主管的位置上坐到1955年，被《美国图书馆》（American Libraries）杂志评为一百名最重要图书馆领导人之一。[2]

📷 2-2　霍顿的正面。正前方隔着镜头的是普赛图书馆的天井，右侧露出了韦德纳的一角

2014.5.3　13:45

📷 2-3　雪中的霍顿。在拍过这张照片之后，我应该是进了身后的拉蒙特。大雪中，一切都安静下来。雪花片片，如人的思绪，从天上纷纷下落，无边无际　2014.1.18

"安检" 最严格的阅览室

霍顿是整个哈佛安检最严的图书馆。

霍顿的地表结构是对称的。从中间正面进去，是一个门厅。门厅后坐着一位年长的门卫，态度和蔼，很慈祥的样子。门口竖着一个架子，上面摆着印刷雅致、古色古香的明信片。我曾经买过几张，大概是两美元一张，算是比较贵的。

门厅左侧是展览室，右侧是阅览室。除了笔记本电脑和笔记本之外，这个阅览室不允许带进任何私人物品，不能带食物，也不能带水。所以在进门之前，需要先存包。在门厅右侧，有一个自助储存柜，需要投币。我不记得要投的是一个25美分硬币还是一个图书馆的代用币了，取包的时候，关上柜门，硬币还会吐出来。

阅览室有专业馆员管理，读者想要读哪一本书，需要填写卡片，交给馆员，然后，馆员会把书送到座位上。

2013年9月13日，一个星期五，我专程来到霍顿图书馆。我按照程序，存包，取出笔记本，进入阅览室。我也填了一个标签，请馆员帮我取了一本书。但是我忘记了书名。

工作了一会儿，我走出阅览室，闲逛到了对面的展览室，赫然就遇到了星期五咖啡。

📷 2-4　霍顿的阅览室。实际上，室内光线要比照片
这个效果暗得多，iPhone把照片给调亮了。在我的电
脑右侧，有一张粉红色的纸，上面详细地介绍了霍顿
图书馆的检索方式和阅览规则。馆员知道我初来，特
意送过来给我　2013.9.13　9:30

📷 2-5　这张图更符合我记忆中的明暗
度，当然实际上会更亮一些　2013.9.13
9:50（小米手机拍摄）

免费咖啡与珍本书展中的科学史

霍顿有一项特别的程序设计，每个星期五中午有一两个小时，免费提供咖啡和点心，供读者相互交流。我第一次来霍顿那天，恰好就是个星期五。

交流活动在阅览室对面的展览室里举行。霍顿的展览室修饰古朴，四周有巨大的木制书柜，隔着玻璃，可以看到里面各种年代的珍本、善本。最早可以追溯到几个世纪之前。

书柜前面摆着一圈玻璃展台，里面不定期更换参展的图书，短到几天，长到几个月。我正好赶上了一个长达一学期的展览，从2013年9月10日到12月13日。这个展览的主题是"Building on Strengths, Broadening Horizons: Recent Additions to the Collections of Houghton Library, II"，翻译起来有点儿困难，因为在中文语境下，有浮夸与膨胀之嫌："在实力的基础上，扩展地平线：霍顿图书馆新近藏品展，第二期"。

这一期展品中，有相当一部分是科学著作。在美国大学中，科学与人文没有明晰的界限，科学常常作为人文的一部分而出现。就建制化设置而言，哈佛最核心、最重要的学术分支叫作Faculty of Art and Science，可以翻译成艺术与科学学院。文、史、哲，数、理、化，人类学、社会学、科学史，天文学、生物学、地理学……都在其中。在哈佛收藏的珍善本中，有大量今天被划分在自然科学名下的著作。

咖啡、点心就放在展台中间一个专用的手推车上。霍顿的读者不多，每到这时，他们就从阅览室中走过来，一边喝咖啡，一边聊天。

📷 2-6

霍顿展览厅的一个展柜的局部，从玻璃的倒影中可以看到展览厅的书架。画面正中是法国艺术家让–雅克–弗朗索瓦·巴比尔（Jean-Jacques-François LeBarbier，1738—1826）在1785年为瑞士学者萨洛蒙·格斯纳（Salomen Gessner）的著作绘制的一幅插图 2013.9.13

　　我刚开始有些不好意思，他们有些人貌似是阅览室的常客，彼此相熟。而我甚至都不是来霍顿查阅文献的。

　　一位绅士走过来，与我打招呼，问我的专业方向，为什么来霍顿。我自我介绍说，我是科学史系的访问学者。对方马上问我，是做哪一个学科，哪一个时期的科学史。这是欧美学者经常提出的问题。欧美的历史学者常常是从一个非常具体的领域、非常小的时段作为入口，开始学术道路。甚至大多数人终身都是某个确定领域、确定时期的专家。而中国学者则习惯于宏大叙事。他也自我介绍了他的研究领域，讲他来霍顿查阅哪方面的资料。

后来我说，我是富布莱特学者，来做垃圾研究。这引起了他的兴趣，我于是深入解释，为什么垃圾问题是一个哲学问题，是一个需要人文学者关注的问题。

富布莱特在美国学者心中，有很高的地位。富布莱特奖学金意在促进交流，它资助全世界的学者来美国访问，也资助美国学者前往全世界其他国家访问。富布莱特学者是终身性的，一次获得富布莱特资助，终身为富布莱特学者。遇到其他富布莱特学者，大家也会有种亲近感，其亲近程度有时要超过同一个大学毕业的校友。在美国各地，都有各种或官方或民间的富布莱特组织。我在哈佛访问期间经常参加这类机构组织的活动，结识全世界来美国的富布莱特学者，也结识美国的富布莱特学者。在哈佛访问期间，我专程前往休斯顿，拜访休斯顿大学的环境史专家马丁·梅洛西（Martin Melosi）教授，第一位以垃圾问题为研究对象的人文学者，彼此得知对方是富布莱特学者，我们如同对上了暗号。

犹如韦德纳纪念室一样，霍顿的展览室也让人油然而生崇敬之心。虽然这一次访问，我没有机会专门利用霍顿的珍本、善本，甚至我几乎没有再去过壁垒森严的霍顿阅览室。不过，我后来常去霍顿旁边的拉蒙特，我常常记着星期五中午霍顿的咖啡和茶点，如果时间巧，我就从拉蒙特走过来，到霍顿的展览室喝一杯咖啡，与霍顿阅览室的学者聊聊天。

我在美国还学会了"问"。我少年时略有自闭，不愿意主动与人接触，宁可自己拿着地图多转几圈，哪怕走一些冤枉路，也不愿意问。但是在美国，不会问，是非常不礼貌的。比如照相，很多人毫无禁忌，不分场合，拿起相机就按，拿起手机就拍，就像在餐馆大声喧哗一样，也是一件有损形象的行为。在这个环境熏陶之下，我很快就

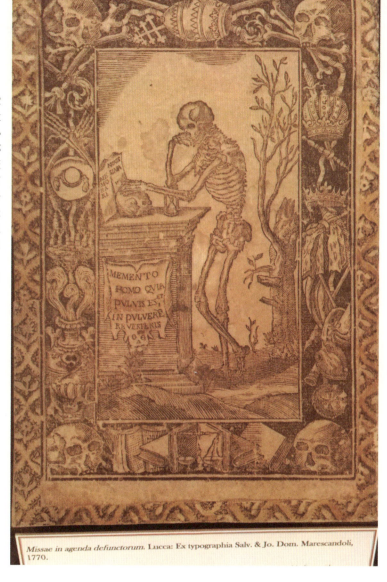

18世纪欧洲天主教堂举行悼亡弥撒时，发给来宾提示程序的小册子。封面和封底都采用了相关主题的版画。版画作者已不可考，只知道这个小册子是1770年在意大利卢卡印制的。这里对原图作了剪裁，只保留了标签的标题。标签上是印刷者的名字 2013.9.13

Missae in agenda defunctorum. Lucca: Ex typographia Salv. & Jo. Dom. Marescandoli, 1770.

学会了问。比如，展览室里可否拍照，需要先问一下。在得到肯定的答复之后，我把这个书展拍了一个遍。

下面就介绍一下图书馆里的图书，尤其是与科学史相关的图书。

图2-7中这个以骷髅作封面的小册子让我颇感兴趣。

欧洲人并不忌讳骷髅，墓地常常建在城市中心，与住宅相邻。哈佛广场的教堂边儿上就有一个小墓地，隔着金属篱笆，在人行道上可见里面的墓碑，毫不避讳。普通家庭中也有以骷髅作为装饰的，万圣节的时候更是有很多孩子扮成骷髅的样子。

根据标签的说明，这是天主教堂举行悼亡弥撒的程序册，如同音乐会的节目单，每位来宾取一份，用来了解整个活动的程序。封面和封底都采用了相关主题的版画。版画的作者已经不可考据，唯一知道的是，这个小册子是1770年在意大利卢卡印制的，印制者的名字留了下来。标签中还说，这具骷髅非同寻常，因为他的姿势来自科学史上一部重要著作的插图。这部著作就是安德里亚斯·维萨留斯（Andreas Vesalius，1514—1564）于1543年在瑞士巴塞尔出版的《人体的结构》（De humani corporis fabrica）。维萨留斯被认为是现代解剖学的创始人，他修正了盖伦的很多观点，开创了现场解剖的教学方法，在当时就产生了巨大的影响。《人体的结构》成为经典，不仅因为其内容的学术性，更由于书中配有大量准确、细腻、精美的版画插图。这个小册子形象地表现了科学与宗教的某种关系。

标签上说，这是霍顿所收藏的四个同类小册子中的一个，都来自18世纪的意大利，也都装饰着类似图案。这与菲利普·霍弗（Philip Hofer，1898—1984）的收藏趣味有关，他收藏了很多描绘"死亡之舞"（The Dance of Death）的插图。霍弗是哈佛1921年毕业生，1967年又获哈佛古典文学博士。霍弗是一位藏书家，在哈佛图书馆工作多年，曾任福格艺术博物馆（Fogg Art Museum）的秘书。1938年，他创建了印刷与图像艺术收藏部，收集印刷品、照片、插图、手稿等，后

HARVARD COLLEGE LIBRARY
Bought with income from the Fund of
Osgood Hooker, Class of 1921, for the
DEPARTMENT OF PRINTING AND GRAPHIC
ARTS.

📷 2-8
奥斯古德·胡克基金的藏书票
（来自哈佛图书馆官网）

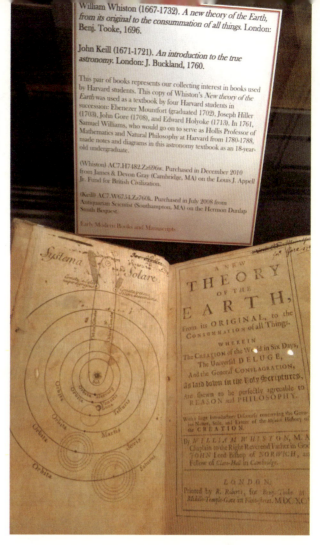

William Whiston (1667-1732). *A new theory of the Earth, from its original to the consummation of all things.* London: Benj. Tooke, 1696.

John Keill (1671-1721). *An introduction to the true astronomy.* London: J. Buckland, 1760.

This pair of books represents our collecting interest in books used by Harvard students. This copy of Whiston's *New theory of the Earth* was used as a textbook by four Harvard students in succession: Ebenezer Mountfort (graduated 1702), Joseph Hiller (1703), John Gore (1708), and Edward Holyoke (1713). In 1761, Samuel Williams, who would go on to serve as Hollis Professor of Mathematics and Natural Philosophy at Harvard from 1780-1788, made notes and diagrams in this astronomy textbook as an 18-year-old undergraduate.

(Whiston) AC7.H7482.Zz696w. Purchased in December 2010 from James & Devon Gray (Cambridge, MA) on the Louis J. Appell Jr. Fund for British Civilization.

(Keill) AC7.W6754.Zz760k. Purchased in July 2008 from Antiquarian Scientist (Southampton, MA) on the Hermon Dunlap Smith Bequest.

Early Modern Books and Manuscripts

📷 2-9

1696年出版的威廉·惠斯登著《地球新论》，我特意拍下了展品的标签。这里同时展出了两本相关的著作。标签上同时介绍了这两种书。另一本是约翰·凯尔（John Keill，1671—1732）的《真实天文学导论》，没有入画

来成为霍顿的一个重要部门。霍弗去世后，哈佛设立了菲利普·霍弗图书及艺术品收藏奖，奖励那些有藏书爱好的学生，奖金从500美元到3000美元不等。

不过，标签上还说，这个小册子使用了奥斯古德·胡克基金，于2009年从纽约的马尔塔扬·兰善本书店（Martayan Lan Rare Book）购买的。奥斯古德·胡克（Osgood Hooker）是哈佛1921年毕业生，他建立了这个基金，专门捐给霍弗创立的印刷与图像艺术收藏部。

在写这本书的过程中，逐渐深入了解哈佛的过去。在哈佛的成长

史上，不断会冒出来一个校友，又一个校友。在哈佛的各个角落，大到一座楼，小到一个椅子，不经意间就会见到一位校友的名字。

展品标签的下面，还非常细心地标上了该展品在哈佛图书馆的索引号。就是说，馆藏的每一部珍品，读者都是可以借阅的。至少可以在霍顿阅览室里，拿在手上，感受两百多年前的纸张、油墨与历史。我按图索骥，发现此本处于可借状态。

这是一部无可置疑的科学著作，作者威廉·惠斯登（William Whiston，1667—1732）是英国神学家、历史学家、数学家。维基百科William Whiston词条上说，他是牛顿思想的主要传播者，并在1702年继承了牛顿的剑桥大学卢卡斯教授职位。不过，由于宗教分歧，他在1710年失去了这个位置。惠斯登最著名的社会活动是推动英国国会通过了《经度法案》（*Longitude Act*，1714年），重奖那些能够发现简明实用的测量船只所在经度方法的人。他的重要学术贡献是翻译了犹太历史学家弗莱维乌斯·约瑟夫斯（Flavius Josephus，37—100）的二十卷大部头希腊文著作《犹太历史》（*Antiquities of the Jews*）。和牛顿一样，惠斯登也是阿里乌斯教派（Arianism）的信奉者。他的另一个重要贡献就是展厅中的这部著作《地球新论：从起源到万物圆成》（*A New Theory of the Earth, from Its Original to the Consummation of All Things*）。

与《地球新论》一同展出的是约翰·凯尔（John Keill，1671—1721）的《真实天文学导论》（*An Introduction to the True Astronomy*），1760年伦敦出版。约翰·凯尔也是牛顿思想的宣传者。

展品标签同时介绍了这两本书，第一句话就说：这一组两本书代表了图书馆收藏图书的一项趣味——收集哈佛学生使用过的书。标签中写道：这部《地球新论》是1696年在伦敦出版的，曾先后被五位哈佛学生在1702—1713年间用作教材，并列举了他们的名字：1702年毕业的埃比尼泽·芒福特（Ebenezer Mountfort)、1703年毕业的约瑟

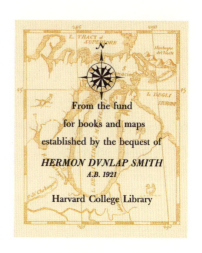

📷 2-10
由赫蒙基金所购书籍的藏书票
（来自哈佛图书馆官网）

夫·希勒（Joseph Hiller）、1708年毕业的约翰·格雷（John Gore）和1713年毕业的爱德华·霍利约克（Edward Holyoke）。然后，隆重介绍了第五位："1761年，正在读本科的18岁大学生塞缪尔·威廉姆斯（Samuel Williams，1743—1817）在这本书上做了笔记和图解，19年后，他就任哈佛数学与自然哲学霍利斯讲座教授（1780—1788）。"

我在写作此书的时候，仔细整理了当年拍摄的图片，并越发觉得，我这个不知何时养成的习惯是多么正确。在拍摄展品时，同时拍摄展品的标签，或者是放在一张照片里，或者是展品和标签先后拍摄，知道谁对应谁。霍顿书展的标签包含着丰富的信息，不仅介绍书，介绍作者，介绍出版商，还介绍展品的来历，从哪儿购买，用了哪一笔钱。我在解读这些标签信息的过程中，也获得了丰富的乐趣。

标签上说，《地球新论》是2010年12月从麻省剑桥的一家名为詹姆斯和德文·格雷（James & Devon Gray）的书店买来的，由支持不列颠文明研究的路易斯·J. 阿佩尔基金资助。《真实天文学导论》是2008年7月从麻省南安普顿的古董店文物科学家（Antiquarian Scientist）购买的，由赫蒙·邓拉普·史密斯遗产基金（简称赫蒙基金）资助。

网络时代，检索方便，把标签上的名词敲入搜索引擎，瞬间就得到一串结果。詹姆斯和德文·格雷是一家古董书店，专门搜集1700年以前印刷的英文、拉丁文、希腊文、法文、西班牙文、意大利文和德文著作，尤其强于16—17世纪的英文文献。这家书店的总部应该在麻省的普林斯顿，不过在剑桥有一家办公室，一看地址，赫然就在哈佛园东南角外的一个小巷箭街（arrow st.）里。这条街很短，街的一端与弓街（bow st.）丁字交叉，弓街、箭街，街如其名。在弓街衔接的路口处，是圣保罗教区教堂（St. Paul Parish Church）。我在拉蒙特图书馆三楼工作时，常常望着这家教堂的高塔。

　　路易斯·J. 阿佩尔（Louis J. Appell Jr.）是哈佛1947年毕业生，一位著名的商人、慈善家。哈佛图书馆官网上说，这项基金设立于1986年，意在资助有关不列颠文学、艺术、文化和历史领域的图书收藏。[3]他出生于1924年，逝于2016年。也就是说，我在哈佛访问，拍下这张照片时，他还活着。而在我写这本书，要介绍他的时候，他刚刚去世。[4]

　　Antiquarian Scientist可以意译为"文物科学家"或"古董科学家"，是一家专门营销科学仪器和科学书籍的古董店，于1976年创建。在美国的都市、城镇乃至乡间，有大量古董店，或者叫二手店，仿佛是一个个博物馆，能看到各种老物件。小到首饰、明信片、书籍，大到雕塑、家具。有些是日常用品，有些的确是古董。我曾在距离伊萨卡一两个小时车程的一家古董店，买了一架20世纪40年代德国生产的显微镜。

　　赫蒙·邓拉普·史密斯（Hermon Dunlap Smith，1900—1983）也是一位哈佛学生，1921年毕业。他是一位慈善家、企业家，曾做过芝加哥历史学会纽伯利图书馆总裁，热爱地图收藏。根据他的遗愿，家人向霍顿图书馆捐赠了赫蒙·邓拉普·史密斯遗产基金，用于收购珍善本书籍和地图。

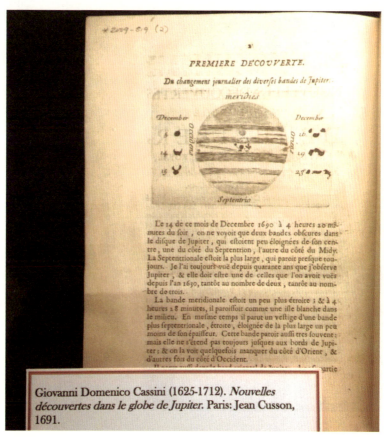

PREMIERE DÉCOUVERTE.

Du changement journalier des diverſes bandes de Jupiter.

meridies

December   December

Occidens   Oriens

Septentrio

Le 14 de ce mois de Decembre 1690 à 4 heures 28 mi-
nutes du ſoir , on ne voyoit que deux bandes obſcures dans
le diſque de Jupiter , qui eſtoient peu éloignées de ſon cen-
tre , une du côté du Septentrion , l'autre du côté du Midy.
La Septentrionale eſtoit la plus large , qui paroit preſque tou-
jours. Je l'ai toujours vüe depuis quarante ans que j'obſerve
Jupiter , & elle doit eſtre une de celles que l'on avoit vües
depuis l'an 1630, tantôt au nombre de deux , tantôt au nom-
bre de trois.
  La bande meridionale eſtoit un peu plus étroite ; & à 4
heures 28 minutes, il paroiſſoit comme une iſle blanche dans
le milieu. En meſme temps il parut un veſtige d'une bande
plus ſeptentrionale , étroite , éloignée de la plus large un peu
moins de ſon épaiſſeur. Cette bande paroit auſſi tres ſouvent :
mais elle ne s'étend pas toujours juſques aux bords de Jupi-
ter ; & on le voit quelquefois manquer du côté d'Orient , &
d'autres fois du côté d'Occident.

Giovanni Domenico Cassini (1625-1712). *Nouvelles
découvertes dans le globe de Jupiter.* Paris: Jean Cusson,
1691.

2-11　乔凡尼·卡西尼的法文著作《木星星球的新发现》，1691年巴黎出版

　　上图是1691年出版的乔凡尼·卡西尼（Giovanni Domenico
Cassini，1625—1712）法文著作《木星星球的新发现》中的一页。卡
西尼是意大利人，后移居法国，是数学家、天文学、工程师。标签上
说：卡西尼作为天文学家的伟大发现来自对土星和木星的观察，他与
罗伯特·胡克（Robert Hooke）共享发现木星大红斑的荣誉。1997年，
美国航天局发射了卡西尼号土星探测器，2004年进入土星轨道。

　　这本书是2010年从伦敦的一家旧书店安德鲁·亨特善本书店
（Andrew Hunter Rare Books）购买，同样是由赫蒙基金资助的。

图2-12是1637年出版的伊斯梅尔·玻利奥（Ismael Boulliau，1605—1694）的拉丁文著作《论光的本性》（*De Natura Lucis*）。标签中说："玻利奥是书信共和国（Republic of Letters）的核心人物，这是一个活跃在17世纪，旨在促进与传播科学发现的组织，他们依靠书信联络。玻利奥与马兰·梅森（Marin Mersenne，1588—1648）、皮埃尔·伽桑狄（Pierre Gassendi，1592—1655）和克里斯蒂安·惠更斯（Christiaan Huygens，1629—1695）等人保持着很好的友谊。这是玻利奥的第一部著作，他支持开普勒的光学理论，反对伽桑狄。"

逛图书馆，看展览，常常会遇到一些意外的知识。这个"Republic of Letters"我未曾耳闻，自然要查证一下。根据英文维基百科，它如同一个自由松散的社团，成员靠通信联络，所以我觉得应该译为"书信共和国"。书信是启蒙时代思想家和知识分子相互交流的主要渠道。当时学术共同体远远不像今天这样成熟，也没有完善的期刊发表制度。书信就成为考据原创者的重要依据。然而，我意外发现，在有道词典上，这个词组被译为"文坛"或"文学界"，从具体名词变成了泛称；网络上有翻译成"文学共和国"或"文人共和国"，却无"书信共和国"的译法，让我困惑。鉴于"letter"的多义，译成"文字"大概可以，但"文学"和"文人"从何而来？很久以后，我忽然意识到，它的原始名称应该不是英文，而一旦找到它的拉丁文名称*Respublica literaria*，则"文学"与"文人"都可以成立，甚至"人文"也是可以的。

标签下面还说："此书是2012年6月从纽约一家古旧书店购买，使用了贝亚德·利文斯顿·基尔戈和凯特·格雷·基尔戈基金（Bayard Livingston Kilgour and Kate Gray Kilgour Fund）。"

为了写作本书，我不得不查证文献，核实资料，我终于发现，类似的图书馆购买基金不是一个两个，也不是几十个、几百个，而是有几千个。我是不可能在这本小册子里逐一介绍每一位捐助者和每一个基金的。

这项事业的开启者是英国商人、慈善家托马斯·霍利斯（Thomas Hollis，1659—1731）。1774年，哈佛用他遗赠的500英镑遗产建立了第一个图书购买基金。在此后的两个多世纪里，有数千位慷慨出资之士，支持哈佛图书馆购买五花八门的珍稀图书，并从书籍扩展到平面印刷品、书信、手稿，乃至照片、电影及电子产品。[5]

霍利斯是加尔文派新教徒，哈佛的大金主。他生前就在哈佛设立了两个讲座教授席位。1721年，设立神学霍利斯讲席教授（Hollis Chair of Divinity）席位，年薪80英镑；1726年，设立数学与自然哲学霍利斯讲席教授（Hollis Chair of Mathematics and Natural Philosophy）席位，年薪也是80英镑。前面提到的塞缪尔·威廉姆斯（Samuel Williams）就是这个教授席位的第三任。

霍利斯是著名的慈善家，麻省的霍利斯顿镇（Holliston）就是以他的名字命名的。并非巧合的是，现在哈佛图书馆的电子检索系统，也是霍利斯的名字，HOLLIS（Harvard On-Line Library Information System）。[6]

这次书展中还有塞万提斯（Miguel de Cervantes Saavedra，1547—1616）的一部《模范小说集》（*Novelas ejemplares*），1705年在阿姆斯特丹出版，法语新译本。标签中说，这部小而精的塞万提斯著作的法语译本来自大藏书家（也是臭名昭著的浪子）苏比兹亲王（Charles de Rohan, prince of Soubise，1715—1787）的图书馆。2010年购自巴黎卡米耶·苏尔热（La Librairie Camille Sourget）书店，由凯勒基金

📷 2-13

第一个购书基金托马斯·霍利斯遗产基金的藏书票 （来自哈佛图书馆官网）

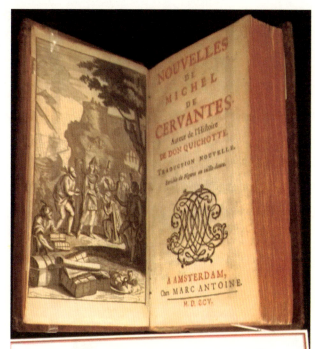

Miguel de Cervantes Saavedra (1547-1616). *Nouvelles.*
Amsterdam: Marc Antoine, 1705.

（Keller Fund）资助。在扉页的书名上，出版商特意强调，这本书的作者就是《堂吉诃德》的作者。

在了解哈佛历史的过程中，不断遇到大大小小的捐赠人，让我产生一种很强烈的感觉，哈佛是一个大家庭，它属于所有哈佛人。哈佛毕业生终生都对哈佛有归属感，其中很多人在晚年把遗产拿出来一部分，捐给哈佛作各种建设基金。有些人家财万贯，可以捐一座楼；但更多的则是普通人，捐一个小小的基金。涓涓细流汇聚起来，有了今天的哈佛。

这在国外很多大学都是常见的现象。为什么会有这种现象？这是一个长话题。

中国人讲究青史留名，留取丹心照汗青，这些捐赠者也的确做到了哈佛留名。哈里的名字高高悬在哈佛园的上空，奥斯古德等人的名字留在霍顿馆藏图书的藏书票中。不过，仅仅这样想，未免过于功利，以俗人之心，度基督徒之腹了。

怀揣功利心去想，这个名字能有多大呢，即使是大名鼎鼎的霍顿图书馆，多少哈佛学生天天从门前经过，又有多少人知道这个名字是谁呢？我如果不是为了写这本书，也未必会花时间去了解霍顿的身世。更何况，有些人的名字，只是座椅上的一个标签。

哈佛与哈佛学生之间的爱是相互的。学生在就读期间，首先是得到了哈佛的爱与尊重，在这里亲近真理与真诚，感觉到正义、公平和尊严，就会发自内心地尊重与热爱。

📷 2-15
位于霍顿和拉蒙特门外的那个天井正中长着一棵树，树冠刚刚高出地面，走近看，是这个效果　2013.9.13

反过来，哈佛对来自哈佛毕业生和社会贤达的所有捐赠，都给予真诚的尊重。就图书收藏而言，我用你捐的一个基金买了一本书，就会认真地在这本书里贴一张这个基金的藏书票，甚至在举办书展的时候，也不忘了在标签里标注上，这本书是用这笔基金购买的。

在这里，我看到了虔诚与真诚、尊重与尊严。

📷 2-16 从韦德纳正门走过来，看到的霍顿是这样的　2013.9.13 11:45

插曲：耶鲁的珍本手稿馆

在一个介绍哈佛图书馆和博物馆书里介绍耶鲁的图书馆，并不恰当。不过，耶鲁的这个珍善本馆实在是太有特色了，忍不住要放几张图。霍顿的建成树立了一个榜样，很快有其他大学跟进，建设专馆。

耶鲁大学这个馆的全称叫伯内克珍本与手稿图书馆（Beinecke Rare Book & Manuscript Library），1963年建成。

2014年，我曾两度来到这个图书馆。第一次是春天，我驾车前往纽约，路过耶鲁，顺便拜访了一位朋友张秋蓓（Amy Zhang），她专门带我来过伯内克图书馆。张秋蓓是加拿大华裔，学位论文也是关于垃圾的，几年前来中国西南做田野调查的时候，我们共同的"垃圾"朋友毛达介绍我们认识。盘算起来，我可能是国内第一个关注垃圾问题的人文学者。从时间上，要追溯到20世纪90年代中期我关注"生物圈二号"。2000年我在丽江做田野调查时，特意询问每个村子的垃圾现状、处理方式以及传统文化中的应对。蒋劲松称我是"垃圾教授""垃圾哲学家"，我欣然接受。按照这个命名方式，毛达应该是国内第一个"垃圾博士"，他师从中国环境史的开拓者之一的梅雪芹教授，学位论文研究美国垃圾的海洋处理。十几年前，国内关注垃圾问题的人文学者寥寥可数，一有新成员，都会相互介绍一番。

第二次来伯内克是夏天，我带着父母在东海岸自驾游，从华盛顿特区回来，特意安排经过耶鲁，就是为了带老父亲参观这个图书馆。

我对于书籍有一种信仰一般的热爱，与我的父母有直接的关系。我是在东北农村长大的，祖上都是农民。小时候在村子里，除了课

📷 2-17　伯内克图书馆内景，左侧是窗子，右侧是书架

📷 2-18　伯内克图书馆的外观，注意它特殊的窗子　2014.7.10

📷 2-19　伯内克图书馆窗子的特写。这个窗子的材料非常特殊，是大理石。建筑师独出心裁，把大理石切成薄片，薄到可以透光的程度，作为窗子。从外面看，整个建筑都用石头包了起来。白天在里面看，能够看到大理石的天然脉络，那一天阳光耀眼　2014.7.10

本，找一张纸都难，更不用说书了。父母在城里生活艰难，所以把我送到乡下，在自然的状态下，是不容易接触到书的。父母在城里借住在亲戚家里，屋里小得转不过身来，我难得回城，与父母短住。我的童年记忆留存很少，其中有一项印象深刻：家里有书柜。记忆里，夜里醒来，总能见到父亲还在台灯下读书，写作。灯光昏黄，很温暖。我后来回想起来，会把我对书的特殊情感与这个童年记忆联系起来。

　　我与书还有一层渊源。我上小学、初中时，母亲在书店工作。当时的小学教室紧张，我们都是上半天学，甚至有时候三班倒，所以我有大量的空闲时间，大量的自由时间。其中很多时候，我是在书店的柜台里度过的。我差不多把当时四平市新华书店里的书都翻遍了。我熟悉书店的布局，每次有新书到来，我总能先看到。有时被书吸引，就会蹲在柜台里一直看下去。我读书专注，常常对面有人喊都听不见。有时在柜台后面坐在小板凳上，大人在外面看不见我，我在里面听不见大人在找我，闹过很多笑话。

📷 2-20 父亲在耶鲁伯内克图书馆兴致勃勃地拍照，他的身后，根据翻开的书页判断，是一本厚重的奥杜邦画册　2014.7.10　14:25

　　因为看的都是书店的书，我还有一个绝技：一本书读完，不折不画，不留一丝痕迹，与新书无二。这个习惯一直保持到我上大学，终于下了决心，开始在自己的书上写字、画线。第一次写画的时候，还下了很大的决心，仿佛破了一个戒，举行了一个仪式。

　　父亲对于书的热爱，一直持续到他生命最后。在美国期间，我把参观各地各大学的图书馆作为给他安排的旅游项目。

1. 参见哈佛图书馆官网http://hcl.harvard.edu/libraries/houghton/history.cfm。
2. 参见维基百科Keyes Metcalf 词条。
3. 参见哈佛图书馆官网https://library.harvard.edu/sites/default/files/static/funds/415_565009.html。
4. 关于他的生平大事，可以参见网页https://www.ydr.com/story/news/local/2016/06/28/timeline-louis-appell-jrs-life-1924-2016/86463042/。
5. 参见哈佛图书馆官网http://hcl.harvard.edu/info/giving/funds/。
6. 参见维基百科Thomas Hollis词条。

第三章

最亲民的图书馆，
本科生热爱的拉蒙特

在哈佛期间，我最喜欢去的图书馆是拉蒙特。

很多人把哈佛看得神圣无比，冠以各种光环。韦德纳高高在上，每次去都如朝圣一般。正匹配我刚来哈佛时的精神状态。然而，庄严的心态势能较高，维持起来比较辛苦。

拉蒙特则有家居气氛，随和谦和。

拉蒙特位于哈佛园东南角，正门向北，不高，与韦德纳相比，是一座小楼。拉蒙特的西侧是霍顿，东侧紧邻哈佛院墙，院墙在拉蒙特旁边有一个小门。小门外有一个公共汽车站和一个哈佛校车站。

哈佛校车供哈佛师生免费乘坐，通向哈佛的各个园区。用手机下载一个App，就可以随时看到各路校车的时间表，以及各路校车此刻的位置。

刚来波士顿的时候，我住在距离哈佛校园十四五公里远的列克星敦（Lexington），美国打响独立战争第一枪的地方。房东天津人，来美几十年了。从打小工做起，到自己开公司，主营装修。房东每天会去红线地铁的终点站阿里维夫（Alewife），接他的工人去工地。我就搭车同去，红线地铁，直达哈佛广场。出哈佛广场地铁站，最近的图书馆是韦德纳，我去韦德纳自然也多一些。

　　一个月之后，我搬到哈佛校园北面的格雷花园西（Gray Garden West），距此不远，是哈佛的四方园区（QUAD），有校车直通拉蒙特。于是哈佛园中，反倒是直线距离最长的拉蒙特最为方便了。

　　工具潜移默化地影响着人的行为，俗语说，远道无轻载，千里不捎针，对于一个重复频率高的行为，一点点方便也会引起很大的影响。

📷 3-2　拉蒙特门前的雕塑。后面是哈佛园的东墙，墙外是昆西街，街对面是哈佛的其他机
构　2014.4.17　12:42

📷 3-3　还是这座雕塑，稍稍偏离一个角度。与上面的照片相隔三周，春天就全面降临了
2014.5.11　13:08

专为本科生服务的图书馆·舒适温馨的阅览室

据哈佛图书馆官网介绍，拉蒙特是全美第一个专为本科学生建造的图书馆。拉蒙特现在的藏书总量超过20万册，不仅服务于选修人文科学和社会科学课程的学生对于课程学习和本科研究的需要，还力图满足学生在文学、当前政治事务、艺术和环境方面更广泛的兴趣需求。

拉蒙特的书库与阅览室是结合在一起的，每层楼都有宽敞的阅读空间。韦德纳以藏书为主体，书库在书架中挤出阅读空间。在拉蒙特，书库与阅读空间各占半壁。除了一楼和三楼的两个大阅览室，还有几个专门的小规模阅览室，书库之中也设置了各种座位。拉蒙特楼里还有一个报告厅。我经常在上楼的时候，看到里面有讲座。

拉蒙特也是梅特卡夫的创意，就是创意了霍顿图书馆的那一位哈佛图书馆主管。

早在1938年，就是策划霍顿的那一年，梅特卡夫就开始与波士顿建筑师亨利·谢普利（Henry Shepley）谋划拉蒙特了。"二战"末期，哈佛1892年毕业生托马斯·拉蒙特（Thomas W. Lamont，1870—1948）慷慨捐资，梅特卡夫的创意变成了现实。在拉蒙特先生去世的第二年，拉蒙特图书馆投入使用。

拉蒙特青年时投身新闻事业，在哈佛时，担任过《哈佛红》（*The Harvard Crimson*）的新生编辑，后来又先后在《波士顿先驱报》《纽约论坛报》等著名大报工作过，据说由于工资过低，转而从商，从事贸易进出口，后成为大银行家。

《哈佛红》是哈佛学生办的报纸，1873年创建，到现在仍然完全

📷 3-4 拉蒙特的书库和阅览室，阅览室就在书库里，通过书库就到了阅览室。拉蒙特一楼和三楼的格局很像，从同时拍摄的其他照片判断，这是三楼 2013.9.20 9:44（小米手机拍摄）

由哈佛本科学生负责运营，是整个剑桥镇唯一一家日报。每天早晨，在哈佛校园各处的报刊栏中就会出现，免费取阅。把《哈佛红》的历届职员名单排列出来，必群星闪烁。肯尼迪总统在哈佛时，也曾做过《哈佛红》的编辑。

伯克利有类似的报纸，叫作《每日加州》（*Daily California*）。在伯克利南门外有很多告示栏，其中一个是《每日加州》，板报栏上张贴着当日的报纸，旁边一大摞新报任人取用。我在伯克利访问期间，每天走这条路进入校园，总会先取一份报纸，了解校园时事，兼学英语。校园其他公共场所也经常能见到《每日加州》的取报箱。《哈佛红》没有那么方便，我看得就少了。

哈佛的红是"crimson"，是深红、绯红，用于校旗、校徽等标识上。*The Harvard Crimson*常被译为《哈佛深红报》或《哈佛绯红报》，信则信矣，未免拘泥，也有失达雅。所以我直接译作《哈佛红》，直观、上口，像个报纸的名字。《哈佛紫》也可，但不够通俗，不够响亮。不久前有北大毕业生把北大红的颜色做成了口红，颇为拉风。如用哈佛红，那便会红得发紫。

拉蒙特建成开放之初有8万册藏书，主要是从韦德纳分流过来的。还有一些原来在其他地方的图书室整体转移到拉蒙特，比如乔治·爱德华·伍德伯里诗歌图书室（George Edward Woodberry Poetry Room）。这个图书室的番号还在。

拉蒙特自建成后，经历了各种变化。1978年，曾在地下B层设置了一个残疾人学生阅览室，2007年春天，由于残疾人"回归主流"思想的发展和学生网络阅读的日趋便利，这个阅览室关闭了。所谓回归主流，是指让残疾儿童尽可能地在普通学校和普通班级与普通儿童在一起学习。这是社会对残疾人观念的总体变化。

美国社会也为残疾人提供了充分的公共服务。我在伯克利第一次见到坐轮椅的残疾人独自出行时，大为震惊。过一段时间才意识到，

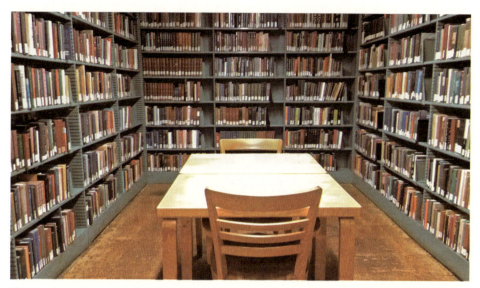

📷 3-5 拉蒙特的书库之中，有这样设置的书桌。三面环书，一面过道，如洞穴一般。在前一幅图左右两侧的书架之中，藏着四个洞穴。在拉蒙特的一楼和三楼应该各有八个洞穴。此图镜头方向与前图成90°

2013.9.20 9:38（小米手机拍摄）

📷 3-6 坐在洞穴向外看，隔着过道，对面有一个对称的洞穴。打开的笔记本上正在写作的文章标题是《转基因作物的负面效应》

2013.9.20 9:50（iPhone4加鱼眼镜头拍摄）

📷 3-7 拉蒙特三楼阅览室一角。左图，向左看；右图，向右看。与韦德纳一样是实木座椅，不过风格现代。每个座位上都有台灯，有方便的电源线。这是我最喜欢的阅览室，不过，这些位置并不是我最喜欢的。注意右图右侧的沙发 2013.12.20（尼康D80拍摄）

📷 3-8 刚来拉蒙特的时候，喜欢在洞穴里工作，享受三面环书的感觉。有时与朋友同来，就对面坐，或者坐在对面的洞穴 2013.11.19 20:03

📷 3-9　有时从旁边的书架上，随便拿出一本书，随便翻一会儿。有很多年，我一直在感慨，没有时间读闲书。几乎绝大多数阅读都与专业有关，与工作有关，与要写的文章有关，与要教的课有关，这样总是在自己的框架里打转。正如我常常觉得，每年春天，花木盛开的时候，我却不得不憋在屋子里，赶一个截止日期。在这里，随便哪一本，无论哪个领域，就如同抓阄一样，不知道遇到的是什么，常常有惊喜，有意外　2013.11.19　20:03

📷 3-10　洞穴虽好，但是有点儿闷。而且，每个洞穴附近都有一个日光灯的镇流器有问题，噪声很大，在安静的图书馆里显得尤其大。所以后来，我就挪到了大阅览室与书库分界的位置。一面书架，也可以随手拿一本书。我最钟爱的是三楼大阅览室的这个位置
2017.9.1（尼康D3200拍摄）

这是美国社会的常态。也经常遇到残疾人乘公共汽车的场景。司机停车之后，先到中部的车门，把一个电动的金属坡道放下来，残疾人驱动轮椅，从坡道上来，进入车厢，司机用安全带把残疾人的轮椅固定在车上，收回坡道，然后再回到驾驶室开车。残疾人下车时，同样的操作再来一次。这个过程需要很长时间，但车上所有人都安静地等着，没有人有怨言，没有人催促。

剧场、博物馆、图书馆之类的公共场所，无障碍通道是必备的装置。在美国，残疾人一个人开着轮椅出现在图书馆，人们习以为常，不觉得是个特殊事件。

拉蒙特有两个大阅览室，先后在1999年和2004年翻新，并以资助者命名，一楼叫Ginsberg Reading Room，三楼叫Donatelli Room。这两个阅览室是我来得最勤的。时间充分就上三楼，短暂停留就在一楼。一楼和三楼的阅览室长得很像，只是窗外的风景不同。

人生有限，所遇之人有限，所读之书有限。拉蒙特这样的图书馆设置，为书与人之间的偶遇创造了更多的可能性。让深藏洞中的书籍有可能在无意中出现在读者的眼前。无缘者擦身而过，终生陌路；有缘者一见倾心，其喜何如哉！

在美国，图书馆是一个工作的场合，就如咖啡馆一样。所以去图书馆工作，未必一定要读那个图书馆里的书。我更多的时候，只是带着自己的笔记本电脑，偶尔会带自己的书，甚至从别的图书馆借的书。

在工作累了的时候，我喜欢在书架中随便转转，有时候会随意拿出一本书，随手翻翻。所随的意有多种可能，可能是因为书的题目，可能是因为书的装帧，可能是因为书的古旧，也可能什么原因也没有。

📷 3-12

也难免会从旁边的书架上拿一本闲书。身边这一架是我非常喜欢的领域：神话学　2013.12.20 15:05

📷 3-13

如果座位旁边恰好是这一套书，会不会受到诱惑，暂时放下手边的工作，随便抽出一本，翻一翻呢？2013年11月25日下午，我在拉蒙特遇到了这套*The Yellow Book, An Illustrated Quarterly*，书名直译过来，赫然是《黄书》。《黄书》是季刊，自1894年到1897年，一共只存在四年，出了十三期。但是这十三期，在西方文学史上影响深远，并且影响了中国近代文学史，郁达夫、梁实秋、鲁迅、叶灵凤先后向中国读者介绍了这个"世纪末的颓废文学"。几年后的2017年，华东师范大学出版社出版了这套黄书的影印版，中文书名相对隐晦，曰《黄面志》，黄封面的杂志，也不错。为这套书作序的，是我的陈年老友江晓原，中国资深的科学史学者，上海科学史与科学文化研究院院长

"打盹儿指数"

在拉蒙特一楼和三楼的阅览室中,有很多沙发,沙发前还有一个小墩子。一开始很让我困惑,不知道是做什么的。

所谓傻子过年看邻居,很快我就看到了这套装置的使用方法,着实让我感到了一次文化震撼(Culture Shock)。

📷 3-14 拉蒙特阅览室中的沙发和沙发前的小墩子。我刚来拉蒙特的时候,这个装置引起了极大的困惑。这是2017年9月1日下午6点左右,学校已经开学,但是阅览室几乎是空的

下面这幅图是正确使用这套装置的方式，那个小墩子，原来是专门用来放脚的。

这个区域，是专门给学生放松、休息的。有的人，如我对面这位，抱着笔记本以一种不大严肃的方式半躺着工作。也有人如我这般，翻翻微信，看看微博，盹一个。就在众目睽睽之下，同学们各行其盹。

原来，在图书馆，不仅有趴着桌子这一种睡觉姿势；原来，图书馆还可以提供专门用来打盹儿的设备；原来，在图书馆，除了正襟危

📷 3-15

而且，这样的装置不止一处，在一楼、三楼的阅览室各有一个区域，放置了十多个沙发和小墩子

2013.9.16 9:00

📷 3-16

拉蒙特三楼大阅览室。牛仔裤和旅游鞋是我本人，注意对面这位先生。大概是从嗅觉角度考虑，大多数人在伸脚的时候是不脱鞋的。

2013.10.14 16:39

（iPhone4加鱼眼镜头）

坐、严肃认真之外，还可以东倒西歪、口角流涎。这让我对拉蒙特油然而生亲近之心。

作为中国人，午睡的习惯难以克服，所以拉蒙特就成了我工作地点的首选。

慢慢地，走访的图书馆多了，发现拉蒙特并不是唯一一家提供打盹儿装备的图书馆，甚至我发现，打盹儿用的沙发，其实是哈佛图书馆的标配。于是，我发明了一个词："打盹儿指数"，作为衡量一个图书馆是否适合打盹儿的量度。

很快，我就把"打盹儿指数"作为选择工作场所的重要参数。回过头看高大上的韦德纳，我才意识到，主阅览室东西两端部分的沙发，恐怕是打盹儿用的。据我个人考证，哈佛图书馆打盹儿指数最高的是神学院图书馆；不过，综合气氛最好的，还是拉蒙特。

拉蒙特人气旺，形形色色，姿态万千，无论怎样，都无不雅不敬之嫌。神学院图书馆的设备虽然好，宽大的皮面沙发，合适的靠背高度，都适合打盹儿乃至酣眠。不过，周遭肃穆，总觉得有异样的眼光看着。呵呵，可能是我有点儿敏感了。

📷 3-19　躺在沙发上看，窗外的风景是这样的。高塔在麻省大道南面的巷子里，位于弓街和箭街的交叉口上，是1924年落成的一座精致的红砖建筑，天主教教堂圣保罗教区教堂的一部分。我从这座教堂门前经过多次，从没有进去看过。在哈佛园周围散步，走着走着，无意间就会遇到一座教堂　2014.4.9　16:03

📷 3-20　半躺在沙发上，伸直双腿，面对窗外的蓝天、白云和塔尖，周围静悄悄的，人来人往。悄然入梦，不亦乐乎。某位大文豪说，酣眠固不可少，小睡也别有风味。这张图是2017年9月1日下午重返拉蒙特时摆拍的，神态有些僵硬　（秋石　摄）

📷 3-21　拉蒙特可动可静，动静皆宜。如果想安静，三楼这个临窗半封闭的鸽子间是最好的
2014.3.7　10:25

建在图书馆里的咖啡馆

拉蒙特还有一点非常吸引我的是，馆内有一个咖啡馆。咖啡馆在一楼，刷卡进入拉蒙特之后，直行是书库和阅览室，右转就是这个咖啡馆。

在美国的大学生活一久，会慢慢习惯西方人的咖啡馆文化。伯克利也好，哈佛也好，校园内外都有大量的小咖啡馆，每个咖啡馆都提供方便的电源插头和免费WiFi。常常见到有学生、教师或者随便什么人，对着电脑，戴着耳机，一坐几个小时，只要一杯咖啡。其实，就是什么也不点，店员通常也不会赶人。我在伯克利的时候，学会了并且喜欢上在咖啡馆里工作。我曾经夸张地说，"每一个咖啡馆，都是我的办公室"。像拉蒙特这样，把咖啡馆建在图书馆内，也并不少见。

拉蒙特咖啡馆是2006年9月建成开放的[6]。根据哈佛图书馆官网的说明，拉蒙特咖啡馆的开放时间与拉蒙特图书馆的开放时间大体相同。星期一到星期四，早晨9点到夜里2点；星期五短一点，早晨9点到晚上8点，星期六下午2点到晚上8点。星期日休息。所谓开放时间，是指有咖啡师工作的时间。

咖啡馆位于图书馆一楼北侧，长长的一溜。正门开在东面，西南角还有一个小门，两个门都通向图书馆。正门内，有几台公共计算机，供学生使用。再向深处走，一路各种座位，到最深处，是咖啡师和吧台。

常见到有学生拿着图书馆的书来这儿工作。咖啡馆与阅览室的一个差别是，这里可以说话，甚至可以高声。我常常与朋友约在这里

📷 3-22 拉蒙特图书馆咖啡馆正门 2014.5.11 13:09

📷 3-23　哈佛的冬天有四五个月被雪覆盖着。这是拉蒙特咖啡馆的外景，可以看到东侧有几台公共计算机，西侧是吧台。这是2013年10月20日下午4：58，因为是星期日，图书馆或者休息，或者马上就要关门了。室内空空荡荡，灯火依然辉煌　（尼康单反拍摄）

📷 3-24　拉蒙特咖啡馆临窗的位置。水杯旁边是哈佛校园地图，在图书馆服务台上可以随意领取。地图上标识着散落在哈佛各处的图书馆。窗外是哈佛园，可以看到普赛图书馆天井的栏杆。在这里可以工作，也可以约朋友谈事儿。这是哈佛的秋天
2014.10.24（小米手机拍摄）

见面。

　　我在这个咖啡馆进行过的最严肃的学术活动是关于垃圾的。一位法学院的博士后彼得·西盖蒂（Peter Szigeti）听说我研究垃圾，专门给我发来邮件。彼得博士有一个很好的想法，他认为，从经济学和法律意义上，可以把垃圾视为负资产加以考虑。我们在拉蒙特咖啡馆聊了一个多小时，就垃圾问题展开了充分友好的讨论。我很欣赏这个想法。比如你有一座房子，这是资产；但你院子里同时还有一个垃圾堆，那就是负资产。比如一个工厂，你一年生产了多少台手机，这是你创造的价值，算是为社会创造的贡献；但你同时还产生了固态、液态和气态的垃圾，这就是负价值，应该从贡献中扣除出去。一个国家也是这样，不能只算正资产，还得算负资产。这个想法，与绿色GDP异曲同工。

　　在写作此书时，我专门与彼得通了邮件，他说马上要去加拿大一所大学教书了。他说，他的垃圾负资产想法尚未发表，不过这个想法在几次面试中都给他增辉增色。

考试季24小时开馆

拉蒙特是整个哈佛开放时间最长的图书馆，国人传说中的哈佛24小时图书馆，应该就是拉蒙特。

2005年9月，拉蒙特启动了5天24小时开放制[1]，开放时段从星期一早晨到星期五晚上，周六和周日白天开放，时间稍短。到了考试季，则开放时间更长，会连续开放三个星期。从拉蒙特的内部设施来看，学生想要睡在图书馆里，也是完全可以做到的。

其他图书馆在考试季也有延长时间的服务，但是没有像拉蒙特这么夸张的。

从拉蒙特我可以感受到，什么叫作以学生为中心，什么叫作为学生服务。

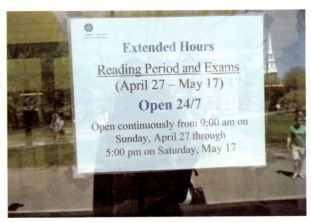

📷 3-25
拉蒙特门外贴出的考试季时间表。图书馆从4月27日星期日早晨9点一直开到5月17日星期六下午5点。每周7天，每天24小时，共三周

2014.5.11 13:09

📷 3-26 考试季拉蒙特的一个鸽子间。桌子上堆满了书，书桌上一张白纸笺，是座位的临时占用者写给馆员的，大意是这些书正在使用中，请不要拿走，不要归位，他本人用过之后会还的。黄色纸笺是拉蒙特统一印制的，馆员在上面手写"可以，但是"，下面印刷的内容是提醒学生保管好私人物品等友情提示，结尾馆员写了日期，就是我拍照的这一天。从书的内容看，不少哲学类的书，有语言哲学，有一本伽达默尔，几本托马斯·阿奎那　2014.5.3

去影像阅览室——看电影

拉蒙特的其他楼层我去得少，但是也尽可能地享用了。

1992年起，作为哈佛学院图书馆社会科学项目（HCL Social Sciences Program）的一个板块，政府文件与缩微胶片（Government Documents and Microforms）搬到了拉蒙特的B层。1994年，一个专门用于终端用户教学的交互式电子教学/学习室在一楼投入使用；1999年，一个用于哈佛图书馆职员培训的电子学习设施在三楼出现。1997年，语言资源中心挪到四楼。2004年9月，莫斯音乐图书室（Morse Music Library）从另一个图书馆搬迁到拉蒙特地下B层，现在是莫斯音乐与媒体图书馆，以回应学生对于非书籍资料需求的增长。[2]

2007年，拉蒙特成为哈佛学院图书馆社会科学项目的主馆，这个项目的四个分支：文件、缩微胶片、数字数据和环境信息，加上拉蒙特的检索系统，构成了B层的研究服务体系（Research Services）。[3]

哈佛图书馆官网在2017年暑假改版，我在此书的写作过程中，目睹了改版的过程。新版官网显得更加时尚，但是我一时还没有适应过来。我需要不断利用哈佛官网来核实我的记忆，确认我拍摄照片的位置。

经过与哈佛官网的图片核对，我相信下面这组照片是拉蒙特图书馆地下A层。这也是开放空间，有图书，有音像资料。所以，这一层有阅读书籍的桌椅，与韦德纳书库的格局很像，也有阅读视听媒介的专用设备。

3-27　拉蒙特图书馆A层　2014.1.16　16:50

拉蒙特有丰富的音像资料，使用方便。如果有确定要看的片子，可以检索，到书库中去找。也可以直接去书库闲逛，看上哪个看哪个。

书架附近就是阅读设备。无论是老式的磁带、更老的黑胶唱片，或者是比较新的光盘，都能找到播放设备。我在这儿看的第一个片子是希区柯克的《晕眩》。

硕大的屏幕，舒适的电脑椅，戴好耳机，一个人看大片，让我感觉十分奢侈。

为了减缓内心的罪恶感，我还专门在这里找过几部环境电影，自我安慰，我不是在娱乐，而是在工作。

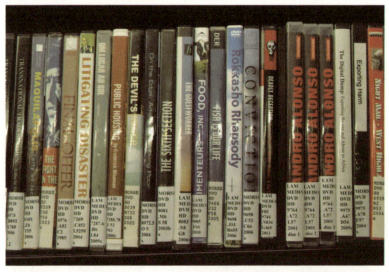

📷 3-28 拉蒙特A层书库的DVD资料。这一架很多内容与环境有关，画面正中的 *Food Inc*，在一年后我开设的"环境电影鉴赏与分析"的课堂上，成为经常放映的材料之一。中文名称是《食品公司》，台式译法叫作《毒食难肥》。这是一部纪录片，讲述美国工业化养殖的诸多内幕。从这些DVD的标签上看，这里已经把莫斯音乐图书室的资料整合进来了

2014.1.16 17:02

团队工作的小阅览室

除了一楼、三楼的大阅览室，拉蒙特还有若干大小不一的小阅览室和工作室。有只能容五六人小规模讨论的小工作间，有十几人二十人的教室，还有小阅览室。这也是稍微大型一点儿的图书馆的标配。

拉蒙特的小阅览室，我常去的是位于三楼西北角的亨利·法恩斯沃斯阅览室（Henry Weston Farnsworth Room），在大阅览室没有合适座位的时候，或者想要换个心情换个环境的时候，就来这里。

这个阅览室原本在韦德纳，拉蒙特建成后，搬了过来。这个阅览室中有藏书，藏书有专门的主题，这个主题让我感到意外而惊喜：为大学生的课余生活服务！

📷 3-29 法恩斯沃斯阅览室临北的座位，窗外可见著名的桑德斯剧场 2013.12.14 16:17

哈佛图书馆官网介绍说，这个阅览室致力于收藏那些大学生自己愿意花钱购买的，或者摆到面前愿意看的"课程之外的书"（extracurricular reading）。书架也按专题分类，包括"神秘（mysteries）、科幻、旅行书籍、传记、文学畅销书、哈佛戴安娜（Harvardiana），以及其他有趣的零零碎碎（odds and ends）"[4]

排名第一的竟然是"神秘学"！这个种类是我们的图书分类里不大有的，其中包括世界未解之谜、占星术、外星人、星座、魔石、药草等各种怪力乱神，基本上属于伪科学。

Harvardiana是哈佛本科生办的杂志，类似于《哈佛红》，我把它翻译成《哈佛戴安娜》。这个杂志貌似只存在了四年，1835—1838年。但是这个词留在了哈佛，不时地出现在各种场合。比如在报刊上作为栏目名称出现，应该是"哈佛掌故"的意思。这也是一首进行曲的名字，哈佛学生在与其他学校进行体育比赛的时候，乐队就会演奏这个曲子，大家也会一起去唱。不用说，进行曲的作者也是哈佛毕业生。

最后一个专题的名称非常别致："其他有趣的零零碎碎"。这恐怕是非集的意思，或者相当于"其他"。

除此之外，图书室还会根据学生的建议，专门购买相关图书。

法恩斯沃斯阅览室也是一个里程碑。这是大学图书馆第一个专为学生课外活动准备的阅览室。它就是让学生去休闲、去放松、去获得愉悦的。

毫不意外，亨利·法恩斯沃斯也是哈佛毕业生。法恩斯沃斯1912年毕业于哈佛，他是一位新闻记者、旅行家、探险家，一位疯狂爱书的人；他参加了法国外籍军团，参加了第一次世界大战，在1915年9月于法国Bois Sabot丧命。这个阅览室是他的家人捐赠的，1916年12月5日正式开放。[5]

法恩斯沃斯还专门收藏了科利斯·拉蒙特（Corliss Lamont，1902—1995）的著作。拉蒙特是一位作家、教育家、公民自由主义者

📷 3-30　法恩斯沃斯一角　2013.12.15 16:02

📷 3-31　2013年12月15日这一天，我选了西侧这个位置，窗外正对着通向韦德纳南门的小路，右侧的大楼就是韦德纳。大雪天，靠着暖气，玻璃上反射着室内的灯光，温暖、温馨　2013.12.15 16:16（尼康相机拍摄）

（civil libertarian），美国人文主义者协会的名誉主席。他是拉蒙特图书馆的捐献者托马斯·W. 拉蒙特（Thomas W. Lamont）的儿子，哈佛1920年毕业生。[6]

我曾经利用过这个阅览室的旅游书专架。书架上有"孤独星球""国家地理"的系列旅行读物，覆盖全世界的每一个区域，地图、攻略、住宿、景区……应有尽有。把目标区域的书籍搬到桌子上，一本一本过滤、筛选，见到可能有用的信息可以用手机或者相机拍照，也可以用图书馆提供的复印机和扫描仪。

假期旅行是美国大学生的标准配置，在这里计划旅行，再好不过。

地图·地理·环境教育

📷 3-32
2017年9月1
日下午，拉蒙
特又在展览地
图，这次的主
题是生态、动
物和植物

　　拉蒙特三楼北侧靠近楼梯的墙上，经常有展览，我看得最多的是地图展。

　　我第一次去拉蒙特的时候，墙上正在展览着明清时期的中国地图，主题是"图化中华帝国：一个文化变迁"（Mapping Imperial China: A Cultural Exchange）。

　　2017年9月1日我专程再去拉蒙特，三楼墙上还是地图。

　　在拉蒙特的地下，有一个地图收藏室。关于这个收藏室，我要留到下一章再介绍。这里先贴两幅图。

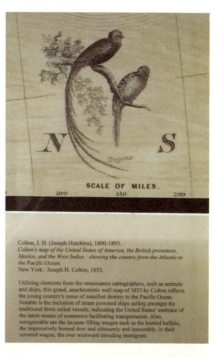

📷 3-33

图3-31中的一个小图及说明。上面这幅图的作者是约瑟夫·哈钦斯·科尔顿（Joseph Hutchins Colton，1800—1893），来自他的著作《科尔顿的美国、英国殖民地、墨西哥和西印度群岛地图：从大西洋到太平洋》（*Colton's map of the United States of America, the British Provences, Mexico, and the West Indies: showing the country from the Atlantic to the Pacific Ocean*）　2017.9.9 18:06

Colton, J. H. (Joseph Hutchins), 1800-1893.
Colton's map of the United States of America, the British provences, Mexico, and the West Indies : showing the country from the Atlantic to the Pacific Ocean.
New York : Joseph H. Colton, 1853.

Utilizing elements from the renaissance cartographers, such as animals and ships, this grand, anachronistic wall map of 1853 by Colton reflects the young country's sense of manifest destiny to the Pacific Ocean. Notable is the inclusion of steam powered ships sailing amongst the traditional three sailed vessels, indicating the United States' embrace of the latest means of commerce facilitating transportation. Also, recognizable are the lacunae filling images such as the hunted buffalo, the impressively horned deer and ultimately and inexorably, in their covered wagon, the ever westward intruding immigrant.

📷 3-34　中国地图展之后，换上了漫画书展　2013.10.24

图书馆是干什么的?

正是在拉蒙特，我对图书馆有了全新的理解。

在以往我们的观念里，图书馆是藏书的地方，读者来图书馆，就是借书、还书。

上大学之后，我才开始频繁使用图书馆。我在吉林大学读书时，经常去图书馆的一个大屋子上自习，这原本是一个礼堂，装上了桌椅，变成了一个硕大的自习室。每个学期之初，同学们纷纷等着开门的一刻，进去占座。用笔记本、杂物、不大会有人拿的专业书占座，占一次可以用一个学期。不过，贵重的物品和书籍，不敢放在这里，丢书的事儿是经常发生的。

📷 3-35　我最初经常工作的洞穴，四周的书架上环绕着瑞士心理学家荣格

2013.10.10　12:46

虽然这个自习室在图书馆里，但是我并不觉得它与图书馆有多么密切的关系，只是在地理上有很多方便。自习室在一楼半的位置，我常常会去二楼、三楼的理科阅览室、文科阅览室、期刊阅览室临时翻一会儿杂志，看一会儿书。这些阅览室都是不能带书包进屋的，顶多带个笔记本，一个水杯。里面的座位也极其有限。

那时图书馆的书库都是封闭管理的。先要在目录室翻卡片，把可能还要看的书的信息抄在卡片上，交给馆员，馆员进书库找书，拿到服务台，在借书证上做上记录，盖上章，才能借出来。一本书只能看有限的时间，一个月或者三个月的样子。一次能借的书也有限，五本或者十本。

记得有一次，我在吉大图书馆借了一本英文原文的小册子，是一本小说，我依稀还记得内容，不小心弄丢了，贴了好几个小广告，不起作用，只好赔。原版书本来就很贵，而且要几倍赔偿！这笔钱当时对我是一笔很大的数字，让我对借书有了阴影。我觉得，借书还书是一件特别麻烦的事儿，所以我宁愿自己买书。

即使在教书、读博、再教书之后，我使用的绝大部分书籍都是自己购买的，常用的期刊或者订阅，或者被赠送，对图书馆没有依赖，貌似也不需要图书馆。无论在北大，还是在北师大。

第一次出国访学伯克利时，科学技术史中心分配给我的办公桌，在一个大办公室里，与另一位访问学者共享一个隔间，我于是在校园里有了一个稳定的工作场所。据说整个伯克利除了科学史中心，只有东亚中心能够给访问学者提供办公室。所以我算是幸运的。

访问哈佛无法幸运了。哈佛科学史系连老师的办公室都很紧张，访问学者更不可能有办公室了。但是，这却让我获得了意外的机会，能够长期在图书馆工作，从而对图书馆有了全新的理解。

哈佛的图书馆不只是借书还书的地方，甚至首先不是借书还书的地方。

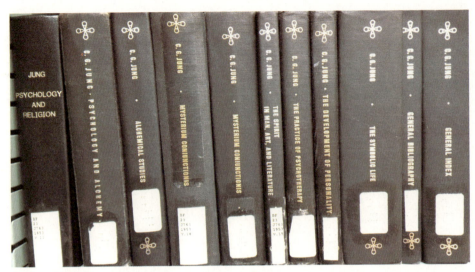

📷 3-36　荣格全集　2013.10.10　12:46

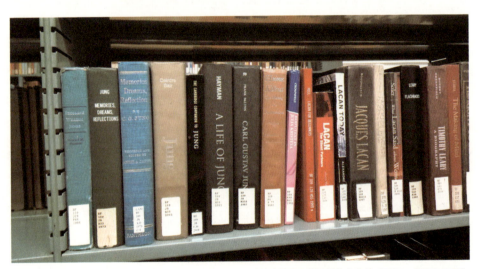

📷 3-37　荣格的其他著作，以及其他人写荣格的著作。其中比较醒目的是荣格的自传《记忆、梦境与沉思》（*Memory, Dream and Reflection*）

在哈佛，我才慢慢地、充分地理解到，图书馆为何是大学文化的核心。

我在这套书的附近工作了很长一段时间。荣格是我最为欣赏的心理学家，他的成就远远高于弗洛伊德。我在1989年翻译《太乙金华宗旨——金花的秘密》时，曾经研读了荣格所有著作的中译本。第一次我看到这套书完完整整地摆在一起，是在我伯克利的房东卡尔文的家里，当时曾动了念头，自己也存上这么一套，摆在书架上，可以随时翻阅。在拉蒙特的洞穴遇到了这套书，犹如遇到了老朋友。虽然我的工作重心早就与荣格无关了，但是在这套书附近工作，还是让我有种特别的感受。

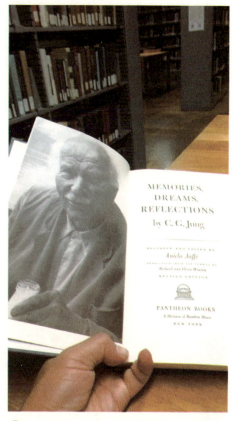

3-38 荣格自传某一个版本的扉页 2013.10.10

我忽然意识到，如果你可以随时坐在这套书的附近，与在自己家里有什么区别呢？那为什么一定要买一套放在家里呢？

如果随时都可以在这儿工作，随时使用这儿的书，那为什么一定要把书借出去呢？

运动是相对的啊！与其把书搬到我的身边，不如我来到书的身边！

我小的时候，没有超市，只有商店、供销社、小卖部。两者的巨大差别在于，前者是开放的，后者是封闭的。在超市里，顾客可以直接进入货架，直接在货架上选货。而在传统的商场里，顾客必须要通过营业员这个中介。现代化的大型超市还对整个空间进行设计，使得顾客能够与商品有尽可能大的接触空间。比如，进出口分设商场两端，顾客要按照规定的路线，穿行整个商场。在这个过程中，顾客会不时地遇到他从来没有见过的商品，甚至是从来没有想象过的商品。

我上大学时的图书馆与现在的大学图书馆之间的差别，就类似于现代超市与传统商店。记得我在南京大学读书时，图书馆也曾开放书库。那就像是让顾客进入传统商场的仓库一样，书库狭小、灰暗，并不能吸引读者驻足，更不可能把读者留下来在书库里工作，因为根本就没有工作条件，相当于让读者干了馆员的活儿。所以实际上，我虽然长期在高校里工作，却几乎不用图书馆。我与书的亲密接触，更多地发生在书店里。

我的陈年老友刘华杰是博物学家，从业余到职业，从兴趣到专业。隔一段时间，他就要开车出门，到郊外的山上去看看。他跟我说过，隔一段时间不看植物，就觉得特别难受。所以对他来说，看花看草，是一种精神生活，是一种发自内心的精神需求。

📷 3-39　阅览室与书库之间，有这样的警示牌，提示读者不要在书上做记号，上面写着：看起来你是在学习，其实你是在谋杀哈佛图书馆的书　2013.9.16 11:29

我很能理解这种感受。在网络书店兴起之前，我对于书店，尤其是类似于万圣书园这样的人文书店，也有同样的感受。隔一段时间不去，会觉得哪儿不舒服。就如同我在哈佛期间把图书馆作为推荐给外地朋友的旅游景点一样，我当年也曾把"逛万圣、喝醒客"作为招待外地朋友的一个项目。

一个图书馆，也应该建成这样的场所。仅仅让读者进入书库是不够的，还要对空间做整体设计，让读者乐于来图书馆读书、约会，把图书馆作为日常生活一个主要场所。隔一段时间不来，就觉得缺些什么。用今天时髦的话来说，这就是图书馆的文化软实力。

图书馆的功能不只在于借书还书，更在于提供了书与人相处的场所。

我在2014年回国之后，忽然发现北师大新建的图书馆也有了开放的格局。2018年春天，我第一次来南方科技大学校园，最让我意外的是南方科技大学图书馆，完全是一个现代化、国际化的图书馆。

3-40　南方科技大学一丹图书馆一角　2022.12.7 08:48

四季·昼夜

即使我用了这么多篇幅描写拉蒙特，也还没有把它写完。

我去拉蒙特的次数最多，在拉蒙特工作的时间最长，与拉蒙特的感情最深。翻看这些六七年前的照片，不免回想起当时的情景。在拉蒙特遇到了哪些人，做了哪些事儿，甚至写过哪些文章，仿佛都能回想起来。

树的年轮不仅标识着树的年龄，还记录树的生长信息。哪一年的雨水多一些，哪一年的气候冷一些，都在年轮上显现出来。人与其所生活的环境之间，存在着千丝万缕的联系。人的喜怒哀乐、人的见闻思想，都发生在具体环境中。照片凝固了时间，一幅幅拉蒙特的照片，如同拉蒙特在时间中的切片，唤醒记忆。

拉蒙特自建成以来，一直保留着原来的样子，不知道庭院中的树木是否有过大的改变。每一次重返哈佛，见到拉蒙特，同样激活了曾经的记忆。

一座古城，不仅仅是一座城，同时是一代代生活于其中的人的记忆。

毁掉了一座古城，不仅仅是毁掉了建筑，也毁掉了集体记忆。

拉蒙特的每个时刻都是美的，无论风霜雨雪，无论春夏秋冬，无论晨昏子午，都是美的。

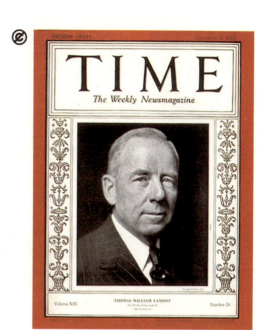

3-41　拉蒙特图书馆的捐赠者，托马斯·拉蒙特先生，在著名的《时代》周刊1929年11月11日的封面上

3-42　大雪中的拉蒙特　2014.1.18 12:33

📷 3-43　拉蒙特的傍晚，二楼窗户反射着哈佛园的秋色　2013.10.14 17:18

📷 3-44　晚冬或者早春的拉蒙特，4月的波士顿依然被大雪覆盖着　2014.4.7 14:15

📷 3-45　拉蒙特的夜色　2013.10.11 18:06（小米手机拍摄）

📷 3-46　深陷雪中的拉蒙特　2014.1.18 12:31

📷 3-47　秋日明艳的拉蒙特　2013.10.24

📷 3-48　考试季的拉蒙特　2014.5.11

📷 3-49　拉蒙特前的自拍　2014.4.17

---

1. 参见哈佛图书馆官网：http://hcl.harvard.edu/libraries/lamont/history.cfm。
2. 参见哈佛图书馆官网：http://hcl.harvard.edu/libraries/lamont/history.cfm。
3. 参见哈佛图书馆官网：http://hcl.harvard.edu/libraries/lamont/history.cfm。
4. 参见哈佛图书馆官网：http://hcl.harvard.edu/libraries/lamont/collections/farnsworth.cfm。
5. 参见哈佛图书馆官网：http://hcl.harvard.edu/libraries/lamont/collections/farnsworth.cfm。
6. 参见哈佛图书馆官网：http://hcl.harvard.edu/libraries/lamont/collections/farnsworth.cfm。

第四章

说不尽的哈佛园

前面三章介绍了哈佛园最重要的三个图书馆，主馆韦德纳、古籍善本馆霍顿和本科生图书馆拉蒙特。这一章相当于查缺补漏。

根据哈佛图书馆地图，哈佛园还有另外几家图书馆：普赛图书馆、柴尔德纪念图书馆、鲁宾斯哲学图书馆、格罗斯曼图书馆等。这些图书馆都比较低调，除了普赛图书馆有独立的建筑，另外几个图书馆都位于院系大楼中，以国人熟悉的概念，相当于各院系的图书室。

这一章要介绍的地点集中在哈佛园西侧。

4-1　哈佛园的地标，哈佛雕像　2013.11.5 15:26

神秘的普赛图书馆

普赛（Pusey）是一座神秘的图书馆。它的神秘在于，地图上看得到，走过去找不到。我曾为这个图书馆费了不少脑筋。在地图上看，它应该位于霍顿和拉蒙特围起来的小院子正中。但是那块地方只是一片草坪和灌木丛。在草坪中间，可以看到一处围栏。走过去看，围栏变成了天井，原来草坪下面是建筑物。

过了很长时间之后，我终于明白，普赛图书馆的主体建筑，就在地下。而且，这个图书馆竟然没有自己独立的入口，要从拉蒙特的地下一楼走过去。

4-2 地图上标识的普赛图书馆的地址，就是这个天井。从这个角度看，能看到天井里那棵树的树梢。右侧是拉蒙特图书馆 2013.9.12 9:07

普赛原本有两个独立的入口，都在西侧。哈佛园内地势高低不一。拉蒙特和霍顿要比韦德纳高出半层楼，它们之间的草坪也高出地面。从韦德纳过来，要登上半层楼高的台阶，才能进入拉蒙特和霍顿所在的院子，才能看到天井的围栏。如果不登上台阶，而是沿着韦德纳东侧的小路向南，不多远，左侧草坪下面就会有一个门。这个门曾经是普赛的正门。这个门很不起眼，容易错过。一来是因为，门楣在草坪下面，草坪如同屋顶；二来是因为，在我访问的时候，这个门已经对读者封闭了，只有工作人员可以出入。

普赛的第二个出口其实是拉蒙特一楼的西门，这个门已经完全封闭了。这在美国是很不多见的。我在美国很多大学访问过，很少见到有门不开的情况。有时候，在一座大楼的背面，如果有个看起来隐秘的小门，在大多数情况下，也是可以打开的。我曾就此事专门问过一位馆员，回答是：2008年美国经济危机，哈佛图书馆也曾裁员，于是普赛这两个门就被关上了——可以裁掉两个门卫。

没有门的普赛就更加神秘了。甚至，作为一个图书馆，普赛这个番号已经不存在了：在现在哈佛图书馆的名单里，并没有这个图书馆。如果你检索哈佛地图收藏馆（Harvard Map Collection），你会发现，它的位置是普赛图书馆。就是说，普赛现在成了一个地名。而地图收藏馆，如今是拉蒙特的一部分，要从这个收藏馆借书，需要通过拉蒙特的服务台。

在普赛这个地下建筑中，除了地图收藏馆，还有哈佛戏剧收藏室（Harvard Theatre Collection）和哈佛档案馆（Harvard University Archives）。戏剧收藏室隶属于霍顿，档案馆似乎是独立的。在我访问的时候，罗斯福收藏馆（Theodore Roosevelt Collection）也在普赛，现在已经搬回霍顿和韦德纳了。

普赛建得晚，在《哈佛红》1973年春天的一篇文章中，介绍了即将在当年夏天动工并将在1975年建成的普赛图书馆。

📷 4-3　另一个角度看普赛的天井，树梢刚刚露出来。左前方是霍顿图书馆一角，右前方是罗伯宫一角，正前方是哈佛标志性建筑纪念教堂的尖顶　2013.10.14　16:15

4-4 普赛天井的雪夜 2013.12.20 17:57

📷 4-5

《时代》周刊1954年3月1日封面人物，哈佛校长普赛。下面的一行小字是"the true business of liberal education is greatness"

　　文章中说，拉蒙特在1947年建成后，人们曾经认为，哈佛图书馆不再有空间匮乏之虞。不料，到了1966年，这话就不灵了。哈佛不得不考虑建设新馆。然而，哈佛园已经非常满了，很难找到地方建设新馆。当时哈佛还曾考虑把一座校长官邸（President's House）推倒。不过后来，还是决定造一座地下图书馆。当时的哈佛校长南森·普赛（Nathan M. Pusey，1907—2001）授权图书馆研究建设方案，造一个四层的地下图书馆，保留哈佛园外观的完整性。[1]

　　其实，如果看哈佛园地图，或者到哈佛园走上一圈，会发现哈佛园中有大量的空地，楼间距颇为稀疏。普赛是拉蒙特建成之后的唯二的新建筑之一。另一个是1974年建造的卡纳迪堂（Canaday Hall），用于一年级的学生宿舍，在校园北侧，纪念教堂与北墙之间。自1975年以后，哈佛园一直保留着它现在的样子。

　　普赛校长于1971年离任，他的继任德里克·布克（Derek Bok）以他前任的名字命名了这座图书馆。

哈佛地图收藏馆

欧美人对地图的热爱是出乎国人想象的。几乎在美国每一个城镇，都有至少一个古董店。地图，是古董店中最常见的物品。各种时代、各种地区、各种风格、各种材料、各种尺寸的地图，琳琅满目。在巴黎塞纳河畔，常年有几个旧书摊，摆着大量二手地图。地图成了欧洲人的日常需求。很多人家把地图镶在镜框里，挂在屋子里作装饰。

Harvard Map Collection的字面意思就是"哈佛地图收藏"，对于收藏的规模并没有明确的说明。翻译成"哈佛地图收藏馆"可能有点儿夸张，翻译成"哈佛地图收藏室"，又觉得有点儿委屈。似乎也没有一个官方翻译的中文名，我在馆室之间徘徊良久，鉴于我并没有看到我没有看到的部分，不知道里面究竟有多大，所以就往大了取吧。

哈佛地图收藏馆已经有两百年的历史了。1818年，以研究北美地理和历史而知名的德国学者克里斯托弗·艾柏林（Christoph Daniel Ebeling，1741—1817）去世后的第二年，美国商人、政治家、实业家伊斯雷尔·桑代克（Israel Thorndike，1755—1832）购买了他的全部藏书，从德国运到美国，捐给了哈佛学院。这些藏品中有大约5000幅地图。这构成了哈佛地图收藏馆的基础。

桑代克出生于波士顿沿海岸向北一个小时车程的贝弗利（Beverly），17岁开始与人合伙从事海上贸易，往返于北美东海岸线到加勒比之间。美国革命爆发后，他加入麻州海军，成为军官。然后，又变成了拿着政府执照的"海盗"（Privateer）。Privateer是一种特殊的职业，基本上是武装了的私船，但是有政府的许可，可以抢

劫外国的商船。Privateer与pirate（海盗）在拼写上相似，行为上也相似。对于经过的外国船只来说，他们是没有区别的。桑代克在贝弗利和萨勒姆（Salem）一带投资了很多Privateer。

萨勒姆以女巫闻名世界，阿瑟·米勒（Arthur Miller，1915—2005）的著名话剧《萨勒姆的女巫》就是以此地的历史事件为原型的。萨勒姆现在也充满着各种女巫元素，小镇里有很多个女巫博物馆。萨勒姆距离剑桥一个小时车程，我去过几次，见过以整个街道为舞台表演的话剧，再现当年情景。让我意外的是，200年前，萨勒姆是北美最富裕的16个城市之一，曾与大清帝国有着频繁的贸易关系。18世纪90年代，桑代克也投身到与中国的贸易中，获得了巨额财富。

桑代克同时投身政治，在托马斯·杰斐逊和詹姆斯·麦迪逊执政期间，是活跃的联邦党人。

1813年，应商人弗朗西斯·卡伯特·洛厄尔（Francis Cabot Lowell）之邀，桑代克和他的儿子投资了新波士顿制造公司。这是美国第一家成功的纺织品制造商，从此揭开了美国工业革命的序幕。[2]

2018年，哈佛地图馆举办了200年主题纪念展"跟着地图走"（Follow the Map），很多人撰写文章，提供了更多细节。

根据地图馆馆员戴维·韦莫（David Weimer）的说明，桑代克之所以会购买艾柏林的藏书，是因为他的儿子奥古斯都·桑代克

（Augustus Thorndike）。1817年5月底，有三位在哥廷根访问的哈佛青年学者访问汉堡，拜见艾柏林，见到了他的收藏。其中就有奥古斯都，另外两位是约瑟夫·科格斯韦尔（Joseph Cogswell）和爱德华·埃弗雷特（Edward Everett）。艾柏林在那一年的6月30日去世。三位哈佛学者行动起来，最终促成了此事。

韦莫的文章还强调，在桑代克早年的海上贸易中，除了在加勒比的各个海岛上卖鱼，把哈瓦那的糖卖到汉堡、阿姆斯特丹和不莱梅，还有一项获利甚丰的活动，是贩奴。[3]此事在维基百科中并未提及。

也就是说，在哈佛地图收藏馆的原始资本中，有的来自海上贸易，有的来自美中贸易，还有一部分来自奴隶贸易。深挖历史，就能发现各种隐秘。有些是被人有意识遗忘的。耐人寻味的是，图书馆恰恰是保留那些隐秘事件的一个场所。

1877年，贾斯廷·温瑟（Justin Winsor，1831—1897）成为哈佛学院图书馆馆长，地图收藏馆得到扩展。他本人也频繁使用地图馆。1915年，韦德纳图书馆建成开放，地图馆被移入韦德纳，更名为温瑟纪念地图室（Winsor Memorial Map Room）。1957年，哈佛地理探险研究所关闭，大约9万幅地图转移到地图馆。现在，哈佛地图收藏馆共拥有大约400 000幅地图、6000种地图册和5000种参考书，是美国最古老也是最大的地图收藏馆。

地图馆的阅览室不大，一个普通教室大小。入口服务台上有个小盒子，里面长期放着几种书签，印着与地图有关的图案，非常别致。馆员会主动送给读者作为纪念。我每次带人参观，都会拿上几个，送给大家。我没有在这里工作过，不过，在拉蒙特休息的时候，会逛到这里，随机翻翻阅览室中触手可及的地图，感受一下历史。

我的大学同学，复旦大学历史地理所韩昭庆教授在哈佛访问期间，曾经频繁使用这个地图馆。她曾经写过一篇文章，根据甲午战争前欧洲人所绘制的包括钓鱼岛海域的八幅地图中所使用的地名，论证甲午战争前钓鱼岛列岛早已进入中国管辖范围。这八幅地图中，最早的一幅来自哈佛地图馆。[4]

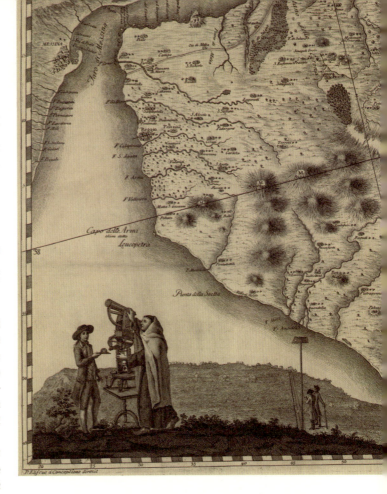

📷 4-7　哈佛地图收藏馆藏品：卡拉布里亚地形图（Carta Corografica della Calabria Ulteriore），埃利塞奥（P. Eliseo della Concezione, 1725—1809)制作。全图尺寸143cm x 114cm，分为九块图版，这是左下角的九分之一

埃利赛奥是天主教赤足加尔默罗会（Discalced Carmelite Order）的神父，也是一位实验物理学家。图中绘制精美的仪器，应该是他本人设计的用于地理测量的赤道仪，仪器右侧穿修道袍的应该是他本人

1783年2月5日，那不勒斯王国（今意大利的一部分）南部卡拉布里亚地区发生了7级地震，第二天又发生了6.2级地震，此后余震不断，直到3月28日仍有发生。这次大地震对意大利半岛南部和整个西西里岛都产生剧烈影响，灾害严重。那不勒斯科学院派遣了一支考察队，已退休的埃利塞奥受邀参加

全图右下角的九分之一图版画着一块倾斜的石碑。根据碑文，埃利赛奥带人在五个地点对经纬度进行了测量，并根据新理论，利用木星卫星的蚀亏，提高了测量精度。哈佛地图馆社交媒体官方账号在2022年5月17日强调了这个方法，不过误为月食。这却让我关注到这幅地图

1784年6月，埃利赛奥用了不到一年的时间，完成了这幅地图。这是当时卡拉布里亚地区篇幅最大、精度最高的地图，校正了一些地点的经纬度

在哈佛图书馆在线电子收藏系统中，可以看到这幅地图的高清电子版（https://digitalcollections.library.harvard.edu/catalog/990146813970203941_FHCL:28446610）。不过，此页面中该地图的标题和作者都存在错误。标题中乱入了那不勒斯科学院1784年出版的调查报告，而把作者嫁接到同时期另一位著名的法国神父Elisée, Jean François Copel（1726—1783）上

我根据意大利百科全书研究所TRECCANI官网上的电子百科全书ELISEO della Concezione词条（https://www.treccani.it/enciclopedia/eliseo-della-concezione_(Dizionario-Biografico)/），以及借助翻译软件对碑文的辨识，进行了校正

柴尔德纪念图书馆：韦德纳的馆中馆

Child Memorial Library，这个图书馆的名字一直让我费解，字面的意思是儿童纪念图书馆，看起来很简单。但我一直觉得这不像个图书馆的名字。如果是为儿童服务的，应该直接叫儿童图书馆。既然加上了纪念，应该是纪念具体的人或者一个事件。如果是一个事件，更可能是一群儿童，那应该用复数Children。而如果用单数，应该直接用哪位儿童的名字。更何况，这个图书馆还有一个副标题"English and American Literature, and Language"，意为英美文学以及语言，与儿童看不出有什么联系。

非常惭愧的是，直接写作这一节的时候，我才检索了这个图书馆的名字，不禁哑然失笑。我多次来这儿工作，对这个名字也困惑了很久，却一直没有深究，平时仍然称其为儿童图书馆。

Child的确是一个名字，或者说，是一个姓。这个图书馆是为了纪念弗朗西斯·詹姆斯·柴尔德（Francis James Child，1825—1896）而设立的。柴尔德先生是哈佛第一位英语教授，柴尔德图书馆是英语系的研究图书馆，馆中图书不外借，只能在馆中使用。[5]

柴尔德纪念图书馆代表着哈佛图书馆系统中的一个重要类型，就是那种小而精的、专门化的图书馆。这个图书馆位于韦德纳图书馆内层三楼，是一个馆中馆。柴尔德不大，只有一个阅览室，加一个书库，一共两间大屋子。从中文的角度看，应该翻译成图书室。但是英文没有这个说法，都是library。

第一次来"儿童"图书馆，是偶然遇到的。起初还怯怯不安，不

The Child Memorial Library

English and American Literature
and Language

WELCOME TO CHILD MEMORIAL LIBRARY!

Child Memorial Library

📷 4-8　柴尔德纪念图书馆的木门局部。上面白纸上写着，这是一个舒适安静的工作场所，向哈佛的所有人开放，所以，请进。不过，这里书不外借，只能在这儿使用。如果你想扫描，请联系馆员　2014.1.16　16:39

📷 4-9 韦德纳幽深安静的楼梯，
这是从三楼楼梯口俯视二楼的景象
2014.1.16 16:40

📷 4-10 在柴尔德图书馆附近的走廊里，有这么一个
牌子。上面写着：只有哈佛教师、学生、员工和经过
授权的访客能够进入此牌后面的区域。下面一行小字
上写着：如遇询问，必须出示哈佛校园卡
（iPhone6加鱼眼镜头拍摄）

📷 4-11 韦德纳内层三楼走廊，走廊中摆放着很多文件柜，显然是室内空间不足导致的。倒是有点儿像我们熟
悉的办公楼。这也表明，这是内部空间，出入这里的不是工作人员，就是熟人。注意在画面左下角那一个牌子，
就是上一幅图。我记得走廊里面有一个与中东有关的工作室，不对外 2014.1.16 16:39

知道是否能进。好在我已经学会了问。

我很小就有做记录的癖好，人又比较懒散，自然就会采用最偷懒的方式记录：照相。早期的相机、胶卷、冲洗，都是很烧钱的。那时拍照比较节制，随身携带一个相机，在旁人看来，也是一个奇怪的行为。我便自嘲说是职业后遗症。早年做过编辑、记者，后来做过人类学研究者，三者都需要拍照。当然，在相机进入数码时代，尤其是手机进入智能时代之后，拍照变成了全民行动，我的解释也就不必要了。

检索我拍过的照片，我意外地发现，我手里保留的最早的柴尔德照片，是在2013年9月16日下午3点46分拍摄的。那时我刚到哈佛不到一个月，弄不好是我在哈佛去过的第二个图书馆。根据照片记录，我大体上可以回想或者建构起当时的情景。

2013年9月16日，星期一。我当时还住在列克星敦，常常搭房东的车到红线地铁，乘地铁到哈佛广场，进入哈佛园。那一天，我应该是沿着同样的路径，前往韦德纳的主阅览室，在那里工作。

下午某一个时刻，感到工作疲倦，我起身离开主阅览室，活动活动。顺着楼梯向上，探索韦德纳。我刚到哈佛才两个星期，主人感还没有建立起来，小心翼翼，有点儿怯。楼里非常安静，楼梯上下几乎没有人，深邃、神秘。

顺着楼梯向上，到了三楼，见到安静的走廊。太安静了，得说幽静才行。不记得在走廊走了多久，拐过几道弯。我经过一个房间，门牌是Y。两扇房门关着。大理石门楣上镶着POETRY ROOM，字面的意思是"诗歌屋"。右扇门板上有一个指示牌，说"儿童纪念图书馆"的入口在前面Room Z。

随后，我就遇到了"儿童纪念图书馆"。Z就在Y的隔壁。大理石门槛，里面是一扇精致的木门，铜把手被摸得闪亮。把手旁边贴着一个字条，上面写着：推门即开。这意味着，不用敲门，直接推门即可。

于是，我就拧开了门把手，走进了"儿童纪念图书馆"。

📷 4-12 诗歌阅览室。右扇门上有一个牌子，指示柴尔德纪念图书馆的入口。注意左扇门板顶上镶嵌的铜字Y，这其实是门牌号。柴尔德的门牌号是 Z　2014.1.16　16:29

📷 4-13　柴尔德纪念图书馆质朴的正门　2014.1.16　16:39

📷 4-14　柴尔德纪念图书馆的阅览室，右前方的小门通向书库，另一个差不多大小的屋子，此时窗外已经黑下来了　2013.12.19　19:03

📷 4-15　柴尔德图书馆阅览室中的书架，从书脊的颜色能够猜到，这是一大套丛书　2013.12.19　19:06

📷 4-16　另一个书架　2013.12.19　19:07

📷 4-17 柴尔德阅览室中一个安静的角落，沙发两侧被书架夹住，坐在沙发里，就只留一个背影给其他人　2013.9.16　15:46

一进门就是阅览室，让我有些意外。阅览室虽然不算大，但是与这个门的尺寸相比，还是大得多。

门口右侧是书架，左侧是服务台。我向馆员出示了我的哈佛校园卡，小声询问，对方微笑着回复，表示欢迎。

根据我自己的习惯，我肯定是把阅览室周边的各个书架都浏览一遍。在阅览室深处，另有一个门，与一个书库连通。书库与阅览室差不多同样大小，相当于两个房间在里面打通了。所以这个书库，就应该是Room Y，那个诗歌屋。

柴尔德的阅览室里有三个窗子，每个窗子前面有一个黑色的沙发。其中正中的这个沙发比较特殊，它的两侧都被书架夹着，坐进这个沙发里，就进入了一个完全私密的空间，外面只能看到一个背影。我是过了一段时间之后，才意识到，这个沙发是供读者打盹儿的。另外两个沙发只有一侧有书架夹着，私密性不如中间这个那么强。不过，对于这么一个小图书室来说，已经相当好了。所以在我后来给哈佛图书馆设定打盹儿指数的时候，把柴尔德列在了前面。

窗外可见哈佛园中的标志性建筑哈佛纪念教堂和桑德斯剧场的尖顶，由此反推，柴尔德图书馆位于韦德纳的北侧，就在正门廊柱的上面。

我现在回想或者建构我第一次前往这个图书馆的过程，主要依据的其实是几个月后2014年1月16日下午拍摄的照片。当时，我早就住在了格雷花园西，每天步行去校园，或者坐校车到拉蒙特。仔细检索我的照片档案，那一天有一位朋友的孩子从麻省西部的一个文理学院来访，我专程为她安排了参观图书馆的项目。把哈佛园里的几个我觉得值得介绍的图书馆都走了一遍。

哈佛园的文史哲

在韦德纳西侧有一小路，从南向北，贯穿哈佛园，直通布拉门，正好把哈佛园分成东西两半。西侧结构比较复杂，有各种行政机构和学生活动场所。东侧的结构相对简单，几个整齐的板块。沿着韦德纳东侧的小路再画一条贯穿南北的线，把东侧又分为两个长方形。韦德纳邻近南墙，是校园内最大的单体建筑，正门向北。与它隔着一个硕大的方形草坪遥遥相对的是建于1932年的纪念教堂，正面向南。教堂背面与北墙之间，是哈佛园最后的建筑卡纳迪堂，东侧临昆西街的长方形又可以分成南北两个方块。南面的就是我来往最频繁的地方，拉蒙特、霍顿和地下普赛这个小院。

拉蒙特正门向北，隔着草坪和树丛，林木掩映的缝隙中，能看到一个容易忽视的建筑，是罗伯宫（Loeb House）。这主要是因为，罗伯宫的正门向东，门前一条通道直接通向昆西街。从昆西街上看来，这是一座典雅的小楼。罗伯宫建于1911年，是哈佛管理层的办公楼，一度是哈佛校长的官邸。罗伯宫的第一层装饰成19世纪的风格，用来举办社交活动，比如校友聚会，也可以举办婚礼。我曾经参加过在这里举行的一次半社交半学术的社会活动，感到很绅士、很贵族。

北面的部分，是Sever Quadrangle。quadrangle在英语里是一个专门的词，quad是四，与四相关的，四胞胎之一，angle是角，quadrangle就是指方形的院子。但是又不能翻译成四合院，因为北京的四合院是用墙和建筑围起来的封闭空间。而quadrangle描述的是院子的外形，不一定要四面都有建筑，而且大多数的情况下不是封闭的。另外，从

📷 4-18　塞韦尔楼西侧，此时正是哈佛最美的秋天。另外，此园并非塞韦尔院

2013.11.14 15:00

规模上，一个quad是可以大到一个街区的。严格来说，应该将Sever Quadrangle翻译成塞韦尔方院，如果要符合中文习惯，也可以叫塞韦尔庭院，简称塞韦尔院也无妨。

塞韦尔院里有三栋建筑，围着硕大的草坪和园林。这个院子里最早的建筑就是塞韦尔楼（Sever hall）。此楼建于1878年，建成于1880年，是安妮·塞韦尔（Anne Sever）在她丈夫詹姆斯·沃伦·塞韦尔（James Warren Sever）去世后捐赠给哈佛的。现在是哈佛的古迹。塞韦尔楼是美国著名建筑设计师亨利·理查森（Henry Hobson Richardson，1838—1886）的作品，体现了以他的名字命名的理查森式罗马复兴主义建筑风格。哈佛校园里还有一座理查森的作品，是哈佛法学院的老楼。关于他的情况，将在哈佛法学院图书馆部分介绍。

塞韦尔楼形体巨大，如同一座宫殿。建筑自身南北向，正门向东，对着一条院落中的道路，道路另一端是哈佛园院墙上的一道门，也叫塞韦尔。塞韦尔门外是昆西街，昆西街的东侧是哈佛艺术博物馆。塞韦尔楼与哈佛艺术博物馆两座大楼遥遥相对。

塞韦尔楼的西侧也有一个后门，通向韦德纳和纪念教堂之间的硕大庭院。正门与后门通着，行人可以将其作为通道。这种情况在美国大学里非常常见。一个大型建筑上有很多门，这是自然的。在国内，我们会习惯走正门、大门，因为后门、小门常常是封闭的。而在美国大学里，我很难遇到一个门是锁死的，哪怕是在一个角落里的小小的门。至于塞韦尔这样的体量的大楼，正门后门连通，再自然不过。

塞韦尔楼三层有一个格罗斯曼图书馆（Grossman Library），是哈佛继续教育学院（Harvard Extension School）图书馆主馆，不对外开放。这个图书馆建于1964年，原址在哈佛西南角的雷曼楼（Lehman Hall），与学生活动中心和学生餐厅在一起。1983—1984年搬到塞韦尔楼。[6]我曾经专程寻找这个图书馆，楼内狭窄，感觉是一个私密性很强的地方。隐约记得图书馆的门正对着一个楼梯，门不大，门外有人，显得拥挤。我当时没有进门，现在回想起来，有些遗憾。

塞韦尔的南侧是建于1906年的爱默生楼，正门向北，与塞韦尔楼成直角。爱默生楼的南侧是罗伯宫，与罗伯宫的北墙之间，有一条安静幽深的小路，少有人走。爱默生楼的西门通向哈佛园，远远地对着韦德纳。

爱默生楼取名自美国早期的伟大作家爱默生（Ralph Waldo Emerson，1803—1882）。爱默生影响了梭罗（Henry David Thoreau，1817—1862），梭罗的《瓦尔登湖》影响了全世界。梭罗早年是作为超验主义文学的重要代表，现在又被追认为早期的环境人文思想者。从哈佛园到瓦尔登湖20多公里，不堵车的话，不到半个小时车程。爱默生的故居就在瓦尔登湖附近的康科德镇的边上。现在是私人博物馆。

爱默生楼是哈佛哲学系所在地。正门的门楣上面刻着《圣经·诗篇》里的一句话："What is man, that thou art mindful of him?"（人是什么，让你在意他？）哈佛哲学系的师生，每天从这句话下面经过。

爱默生楼的二楼有一个小图书馆，叫鲁宾斯哲学图书馆（Robbins Libraryof Philosophy），相当于哲学系的阅览室。这个图书馆我曾在门外经过，从未进入工作。我虽然在哲学系工作多年，但是几次出国访问，都没有访问过哲学系。在伯克利访问的是科学史中心，在哈佛访问的是科学史系，在康奈尔访问的是STS（科学技术社会学）系。

与爱默生楼隔着塞韦尔院相望的是建于1900年的鲁滨孙楼（Robinson Hall），哈佛历史系所在地。历史与哲学相对，非常贴切。但是在历史楼里，并没有自己的历史系图书馆。

所谓文史哲不分家，哈佛有好几个文学系，都在附近，不过是在昆西街的东侧。

1901年建成的巴克中心（Barker Center）是一座大房子，它的西侧是昆西街，与拉蒙特对着；房子的南面是哈佛街，东侧是普莱斯考特街（Prescott Street）。巴克中心里有英语系、凯尔特语言与文学系、日

📷 4-19 初春的爱默生楼。已经到了5月份，波士顿漫长的冬天才刚刚过去　2014.5.2.

📷 4-20 鲁滨孙楼正面，与爱默生楼隔着塞韦尔庭院遥遥相对　2014.5.1 11:39

耳曼语言与文学系、斯拉夫语言与文学系，是一座文学楼。不过，这并不是哈佛全部的语言与文学系。还有另外如东亚语言与文明系、近东语言与文明系，都在哈佛园东北的其他楼里。

巴克中心北侧有一座精致的小楼，叫德纳–帕尔玛楼（Dana-Palmer），建于1822年，有两百多年历史。这座小楼古色古香，典雅幽静，里面也驻扎了一个文学系，比较文学系。

由此沿昆西街向北，经过严肃端庄的哈佛俱乐部，是风格突出的卡朋特视觉艺术中心（Carpenter Center for the Visual Arts），一座钢筋水泥建筑，建于1963年。卡朋特中心里有一个哈佛电影档案馆（Harvard Film Archive），也在哈佛图书馆的系列中。我在哈佛期间，李安曾经带来他的电影在这里放映，我正好赶上了，一睹风采。

📷 4-21 哈佛园东侧的一半。图片下缘是南北向的昆西街，哈佛园的东墙。右上角的大型建筑是韦德纳图书馆，与之相对的图片右上角有尖塔的建筑是纪念教堂。左下角四分之一是拉蒙特和霍顿围起来的院子，罗伯宫没有与拉蒙特面对面，而是扭头转向了昆西街。右下角四分之一是塞韦尔庭院，由爱默生楼、塞韦尔楼和鲁滨孙楼三座建筑围起来，留下的方向是紧邻昆西街的铁艺院墙。昆西街的下面，画面之外的部分，是哈佛另外一些人文建筑。对着拉蒙特的是巴克中心，对着塞韦尔楼的哈佛艺术博物馆　　（谷歌地图截图，2022.3.18 9：04，地图方向旋转了90度，右侧是北）

再向北，是一座宏大的建筑，就是与塞韦尔楼相对的哈佛艺术博物馆。但是非常遗憾，我在哈佛这一年里，这座博物馆一直在装修。装修期间，建筑四周都围着高高的隔离板，完全看不到里面，每次只能匆匆走过。

　　哈佛艺术博物馆北侧是一条很长的街道，Broadway，中文译作百老汇大街，大名鼎鼎，不过我更喜欢把它意译作宽街。宽街以北，又连着另外一片硕大的校园，将在下篇中介绍。

1. Nicholas Lemann, The New Pusey Library: Yard Beautification, from a 40-Foot-Deep Hole to a 2 Million Book Library, Harvard Crimson, March 26, 1973.
2. 参见哈佛图书馆官网地图馆历史介绍和维基百科Israel Thorndike词条。
3. David Weimer, Ebeling's Library, Israel Thorndike, and the Slave Trade, Follow the Map, the Harvard Map Collection at 200. Pp. 12-14. https://archive.org/details/FollowTheMapCatalogue.
4. 韩昭庆：从甲午战争前欧洲人所绘中国地图看钓鱼岛列岛的历史，复旦学报（社会科学版），2013（1），第88—98页。
5. 参见哈佛图书馆官网https://library.harvard.edu/collections/child-memorial-library。
6. 参见英文维基百科Grossman Library词条。

HARVARD'S
LIBRARIES AND
MUSEUMS

哈佛的图书馆和博物馆

下篇　哈佛园北

PART II

📷 0-11 哈佛园北侧地图 （谷歌地图截图 2019.8.16）

哈佛园是有围墙的，不过到处是门，宽的可以通车，窄的就像一个房门。这些门都没有门卫，昼夜开着。所以这些墙和门，更像是个装饰。这些门的确也都有精美的装饰，每道门都有自己的名字。

　　哈佛园北侧，紧邻着一片更大的校园。有科学、艺术、法律、人类学、东亚研究、神学等学院和研究所，有大大小小十几个图书馆和五六个博物馆。

　　这片校园的西侧边界是从哈佛园南侧蜿蜒过来的麻省大道。麻省大道很长，向北穿出剑桥镇，又向西进入阿灵顿，一直到列克星敦才停下来。南侧是从科学中心下面穿出来的剑桥大街和宽街（Broadway）。东侧和北侧没有明显的边界，逐渐融入剑桥镇的社区中。

　　这片区域比较大、比较散，依然可以步行，虽然路途稍长，但是沿途景色还好，不断会有标志着美国历史遗迹的标识，让人有所意外，有所惊异。

第五章

哈佛科学中心

哈佛园北墙有四道门,中间两个几乎挨着,像是孪生兄弟。一个叫梅耶门(Meyer Gate),一个叫布拉德斯特里特门(Broadstreet Gate)——就简称布拉门吧。从哈佛雕像向北,正对着的是梅耶门。布拉门在它东侧。这是连接哈佛园和哈佛园北的一个要道,每当上下课的时候,会有很多学生经过这两道门,往返于两片校园。

📷 5-1 春天的布拉门,背景是哈佛科学中心大楼 2014.5.7

从哈佛园穿过这两道门，首先遇到的是一个小广场。广场对面是一个风格简约的钢筋水泥建筑，就是哈佛科学中心。这是一座很现代的建筑，1973年建成。我访问的哈佛科学史系，就在科学中心的三楼和四楼。在这座楼里，有一个科学仪器历史博物馆，一个卡博特科学图书馆。

📷 5-2 春风
吹拂着梅耶门
2014.5.2

哈佛科学中心广场与楼前的小小自取图书馆

　　哈佛科学中心广场是两片校园之间的过渡地带，经常有各种活动。从另一个角度看，这个广场是一座立交桥的桥面，走到广场的东侧边缘，就能看到有两条大街从下面向东穿出，一个是剑桥大街，一个是宽街。

　　广场西侧有一个随时可以收起的帆布大棚，每个星期有一天是本地的集市。各种手工艺人来卖东西，有手工制作的饰品，有自制的餐具，有衣服；有农副产品，比如农家自制的蛋糕、枫糖、巧克力，还有有机蔬菜。东侧长年有两辆食品车，卖汉堡之类的快餐食品，附近有铁制的桌椅，以及类似现代艺术的木凳。

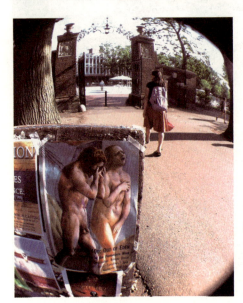

📷 5-3

一个红衣女生正从哈佛园穿过梅耶门走进科学中心广场。近景的海报是一个关于欧洲前现代历史的讲座
2013.9.3（iPhone加鱼眼镜头拍摄）

这里的人流密度很大，尤其是课间，更多人来来往往，从哈佛园走进科学中心，或者反过来。

哈佛科学中心的建筑显得很普通，没有什么特色。所以它的全景就放在后面。

2013年秋季学期，我来到哈佛的第一天，就穿过梅耶门，来科学史系报到。一眼就看到了科学中心门外的巨幅海报。这是一个系列讲座，主题为"面向非专业人士的研究报告"。

这一次的主讲人是哈佛–史密森天体物理中心的约翰·阿舍·约翰逊博士（Dr. John Asher Johnson）；讲座时间：9月25日（星期三）晚7点；地点：科学中心的C厅。

讲座题目按字面意思是："围绕冷星云的温暖行星群的轨迹上的热点"，冷暖、星云、行星、轨迹、热点，各种关键词，估计《三体》迷一下子就会兴奋起来。

📷 5-4 哈佛科学中心前面的广场，课间人来人往。广场上有很多金属桌椅，随处可以坐下，拿出笔记本，就可以工作了。一盘硕大的国际象棋摆在地上，不时有人来搬动棋子
2013.9.3

5-5
科学中心大楼
面向哈佛园
的正面，右
半部分是卡
博特博物馆
2013.11.29

　　10月16日的讲座是另一个风格。主讲人是一位年轻的女性凯蒂·欣德（Katie Hinde），哈佛人类演化生物学（human evolutionary biology）助理教授，题目是"哺乳动物为什么会吮奶"。这个题目与我的研究内容似乎有关，我曾写过文章《人这种动物为什么要喝牛那种动物的奶》。但是，这个讲座我也没有去听。

　　这个系列讲座全程录像，全部公布在哈佛的网站上。读者如果有兴趣，只要按照这几幅海报检索关键词，就可以轻松找到。

　　2013年9月12日下午，我从哈佛科学中心外面走过，看到路边树下有一个漂亮的木头盒子，外形像是一个小房子，第一眼以为是一个艺术品，走到近前，才发现，竟然是一个图书馆：little free library。这几个英文词很容易懂，但是不大容易翻译。free通常是自由的意思，也常常是免费的意思。比如美国西部的freeway，指的是不收费的高速公路。我琢磨了一下，决定译成"小小自取图书馆"。

　　小小自取图书馆并不在哈佛图书馆系统之列。这是一个民间自发

📷 5-6 约翰·阿舍·约翰逊博士的讲座海报 2013.9

📷 5-7 凯蒂·欣德的讲座海报 2013.10.10

📷 5-8 一名学生悠闲地坐在科学中心前的石头上，背景是凯蒂·欣德的讲座海报 2013.10.11

📷 5-9　科学中心前的小小自取图书馆　2013.9.12　16:00（iPhone4加鱼眼镜头拍摄）

📷 5-10
科学中心前的小小自取图书馆特写。上面一行小字是：来自哈佛同好的礼物。左侧有一个打开的书的符号，上面写着"取一本书"，下面写着"还一本书"

2013.9.12　16:00（小米手机拍摄）

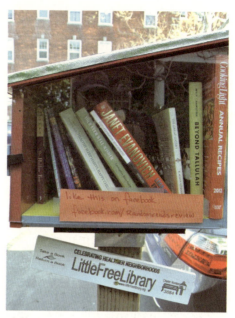

5-12　特写，可以看清里面是什么书，也能看清下面小木条上的标识　2014.5.12　18:31

5-11　哈佛校园附近，剑桥街道上的一个非常简陋的小小自取图书馆　2014.5.12　18:31

5-13　这个小小自取图书馆的侧面，上面写着：要书吗？取一些，给一些　2014.5.12　18:31

的图书分享活动，发起人是住在威斯康星哈德逊的托德·鲍尔（Todd Herbert Bol，1956—2018）。2009年，鲍尔在自家的车库前面建造了第一个小小自取图书馆，献给她刚刚过世的母亲。她的母亲生前是一名老师，一位爱书的人。然后，鲍尔和他的伴侣在美国中西部很多地方建造安装了更多的小图书馆。

说它是个图书馆，其实是一个放书的木盒子，就放在人来人往的公共场所，任何人都可以从里面取一本书，也可以放一本书。每周7天，每天24小时，不间断营业。所以，这是一个图书分享活动（book sharing movement）。

很快，这个做法就传播开来，更多人仿效。2012年，小小自取图书馆正式注册为非营利组织。到2016年，在全世界85个国家，共有5万个登记在册的小小自取图书馆。2019年，在91个国家有9万个。[1]

鲍尔在2018年10月去世。现在，这项活动已经遍及全球100多个国家，总数超过12.5万个。[2]

后来，我在美国其他地方也见过这种小小自取图书馆。

大厅里的咖啡与科学

科学中心地面有五层，科学史系在东侧第三层和第四层。这个系里最有公众知名度的教授应该是彼得·加里森（Peter Gallison）教授，与20世纪80年代初期著名的敢死队同名，他是我在哈佛前半年的合作导师。我后半年的合作导师史蒂夫·夏平（Steven Shapin）教授是我专门投奔的，他是SSK（科学知识社会学）爱丁堡学派的重要人物。他们的办公室都在楼上。

从科学中心的南门进入，迎面而来的是一个雕塑，左手是墙，右手是卡博特科学图书馆（Cabot Science Library），直接以科学命名的图书馆，哈佛只有这一家。

向前，上几个台阶，遇到一个服务台似的地方，摆着几台硕大的苹果电脑，仿佛是苹果体验中心，随便谁都可以用这些电脑。右边，则是一个学生餐厅兼咖啡厅。这个餐厅在哈佛校园里，算是比较大的。有很多种食物可以选择。一顿饭如果吃好，要十几美元到二十美元。当然，如果节俭一点儿，七八美元也是可以吃一顿的。

这里的很多空间都是开放的。校园没有围墙，咖啡厅也没有围墙。吧台、桌椅，都摆在大厅里，与过道融在一起。这种开放空间为人与人之间的交流提供了极大的方便。也经常有人端着一杯咖啡，打开笔记本，就可以工作了。我来哈佛后，与彼得·加里森的第一次正式见面，就在是在科学中心的咖啡厅里。

回味起来，这个灰色空间还有一个非常重要的功能，就是供人深度邂逅。熟人相遇，难免会停下来，打声招呼，顺便寒暄几句，说说

📷 5-14　科学中心大厅里的咖啡座，背景处是个食堂，也是开放的　2013.9.12

📷 5-15　食堂后面，有更大的空间，可以吃饭，可以临时工作　2013.9.12

近况，如果恰好两人都有闲暇，可以坐下深入聊聊。很多跨学科的交流和灵感，都是在这种场合下发生的。

国内高校则缺少这种灰色空间。每一个空间都有明确的坚硬的功能。我在北师大哲学系工作十几年，与其他学科的老师交流甚少。一个重要原因就是没有这样的灰色空间。每次与其他专业的老师见面，都只能带着明确的目的。要么是去参加正式的学术活动，听某人讲座、提问；要么是参加学术会议，大家发言、提问、饭桌上聊聊；要么就是正式地约饭。总之，要么郑重约见，要么不相往来，没有中间地带。有几次我在主楼大厅遇到其他院系的老师，也想多聊一会儿，但是硕大的大厅空空如也，并无座椅、咖啡，也只能告别了。

北师大哲学学院八楼重新装修，我曾建议把电梯前的空间扩大，放几把桌椅，放一个咖啡机。但是被告知，违反消防条例。

苹果体验中心的正上方，相当于天井的位置，有一个分子式模型$H_2N-CH_2-CH_2-OH$，其实这是一件雕塑艺术品，名为"生命之链"（*Chain of Life*），以彩钢和铬为材料，长、宽约2.4米，高约1.8米，从楼顶悬挂下来。这件作品于1996年完成，作者是约翰·罗宾孙（John Robinson，1935—2007）[3]和R. J. P. 威廉姆斯（Robert Joseph Paton

5-16
科学中心的楼道里，有时候也很热闹。这是学生在展览自己的设计 2013.12.10 14:54

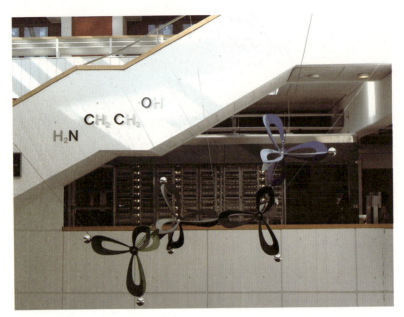

📷 5-17 雕塑"生命之链",作者是约翰·罗宾孙和R. J. P. 威廉姆斯,但是请注意背景
2017.9.1

📷 5-18 从楼梯上看这个雕塑,是这样的 2019.9.1

Williams，1926—2015）[4]。

图中黑色彩钢代表碳，绿色彩钢代表氮，蓝色彩钢代表氧，铬代表氢，这几个分子式分别代表氨基、碳链和羟基，都是有机分子的基本组件。按照现在普遍接受的理论，生命诞生是一个自然的过程，从无机分子到有机分子，从小分子到大分子，从单细胞到多细胞……在这个过程中，从无机分子到有机分子是一个关键。按照某种理论，包含碳、氮、氢的无机分子，在适当的条件下，比如雷电，会发生化学反应，产生简单的有机分子。这个雕塑中的几个基本组件，是最简单的有机分子，也应该是最早的有机分子，相当于无机和有机之间的过渡状态。

这是关于生命起源的一种科学的解释，用哲学的方式来说，叫作用自然自身来解释自然，而不是寻找一种神秘的机制，或者某种超自然的力量。

威廉姆斯是牛津瓦德汉学院资深化学教授，荣誉众多，他提出了这个创意。罗宾孙是英国一位著名雕塑家，以制作抽象的符号雕塑（abstract symbolic sculptures）而知名。他把威廉姆斯的创意付诸现实。这个作品还有另一个版本，放置在牛津大学无机化学系。[5]

2017年9月1日，我再次来到这里的时候，发现科学中心重新装修过了。大厅的结构略有变化。餐厅消失了，变成了一个硕大的咖啡厅，咖啡吧只占很小的地方，大量的空间让出来，变成座椅，座位不再像以前那样拥挤了，整体的空间似乎比以前还大。

进门正对着的"苹果体验中心"不见了，直接就可以见到"生命之链"，它还是原来的样子。

📷 5-19

几乎每个楼里，都会有至少一个海报墙，贴满各种海报。学术活动居多，也有学生社团活动消息，五花八门

这个海报的内容值得重点介绍一下

第一行字是环境电影，第二行字是午餐系列活动，第三行是活动时间， 9月19日，星期四，中午12点一下午1点。第四行字是活动教室。第五行颜色淡一点儿的小字是：提供小饼干

美国大学里的很多活动是利用午餐时间进行的。有时候，食品自带，美国人习惯一杯咖啡、一个三明治或者一个汉堡就是午餐了；有时候，活动组织者会提供简单的零食，或者完整的午餐。赶上阔气的东家，有吃有喝

这一期活动的主题是关于减少能量使用   2013.9.18 14:08

📷 5-20   这个海报的内容是：申请哈佛可持续赞助，支持校园环境项目，最高5000美元
2013.9.18 14:08

大厅里的展品：IBM第一机

　　从左边绕过生命之链，再上几个台阶，是一楼的走廊。走廊很长，贯穿东西。在走廊的正中，生命之链的背后，蓦然出现一件大型设备，看过说明之后，IT界人士一定会肃然起敬。

📷 5-21
科学中心一楼走廊，从东向西。注意左侧的大型设备 2014.5.7

5-22 正对着它，是这样的 2017.9.1

5-23 马克一号局部 2017.9.1

5-24 马克一号，美国第一台编程计算机
2017.9.1

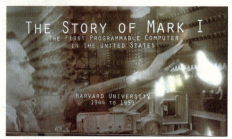

5-25 "马克一号的故事" 2017.9.1

"On Oxford Steet in Cambridge, Mass. lives a sibyl, a priestess of science. Her devotees take their problems to her as devout ancient Greeks took their insolubles to Delphi. She is no mumbling, anonymous priestess, frothing her mouth with riddles. Her name is Bessie; she is a long, slim, glass-sided machine with 760,000 parts, and the riddles that are put to her and that she unfailingly answers concern such matters as rocket motors, nuclear physics and trigonometric functions. For a computing machine, Bessie is old: she has been steadily at work since 1944. And she is not the brightest of her breed. Compared to her children and grandchildren (one of whom, Harvard's Mark III lives on the floor below in Harvard's Computation Laboratory), she is dim-witted and slow. But Bessie is a progenetrix, a sort of mechanical Eve. By proving what computing machines could do, she started one of the liveliest developments of modern science. Some scientists think that Bessie's descendants will have more effect on Mankind than atomic energy. Modern man has become accustomed to machines with superhuman muscles, but machines with superhuman brains are still a little frightening. The men who design them try to deny that they are creating their own intellectual competitors."

Time Magazine, January 23, 1950

5-26　《时代》周刊1950年1月23日的报道　2017.9.1

OW DID IT WORK?

ntrast to other computer projects of the same od, Mark I did not use vacuum tubes: **It was ectromechanical computer.** It functioned mechanical, calculational devices (similar to g machines), and electrical switches, relays, onnectors (similar to those used in telephone ology that could be built easily and quickly available IBM components.

I's pioneering innovation was how it ned its many components to make the first mmable computer. This meant it could be used in a wide variety of problems, including unforeseen at the time of its design. Other ters of the first generation had to be etely re-wired to perform different problems, e built to solve a single mathematical ure, such as decoding enemy messages.

The portion of the machine called ❶ **Sequence Control,** Aiken's invention, was responsible for Mark I's programmable nature. This section read instructions via punched paper tape, similar to that of a player piano. The tape contained a sequence of instructions to be performed on numbers that were registered in the machine's data storage units. These data units were either ❶ **constants,** entered by switches before running a program, or variable units called ❷ **counters.** Every counter was essentially a mechanical adding machine, which received instructions from the sequence tape.

Mark I also included **punch card readers** as data input, which were the standard method of data processing in the period and IBM's main product at the time.

For mathematical operations like multiplication, exponentials, and trigonometric functions, Mark I included special mechanical calculation units. These were removed from the machine after it was decommissioned in 1959.

One of Mark I's main innovations was the possibility of entering custom mathematical functions on additional units of paper tape readers called **interpolators.** Interpolators were similar to the sequence tape readers but read tape encoded with numbers and mathematical functions rather than instructions.

The computer's output system consisted of standard IBM ❺ **tele-typewriters** and **card punching machines.**

One of Mark I's characteristic innovations that made it programmable was its synchronous design. Its mechanical components such as sequence control, interpolators, and counters were set in motion by a single ❹ **drive shaft** powered by a motor at a set speed. This guaranteed that the speed of operation was the same throughout the machine so that its different parts could work on a single unit. This speed was three turns or cycles per second (3 Hz).

Howard Aiken emphasized the unequaled reliability and precision of calculation of Mark I, even if it was hundreds of times slower than would have been possible with vacuum tubes. Through its sturdiness and precise performance, Mark I was able to work practically uninterrupted for 16 years.

5-27　马克一号的工作原理解释图　2017.9.1

📷 5-28　从走廊的西面向东看，是这样的。几年不见，此物依旧，科学中心走廊的光影依旧
2017.9.1

📷 5-29　在科学中心一楼走廊的西侧，放着一面巨大的凸透镜。常有家长带着孩子在这里流
连，看这边，再看那边。在左侧墙面上，是另外一组浮雕　2017.9.1

这是IBM公司生产的美国的第一台编程计算机，马克一号（Mark I）！

技术史就这样突然降临了，令人猝不及防。

其实我第一次来这里是2007年夏天，一位朋友把这里当作免费旅游点，带我们过来。当他向我们介绍这台高大上的设备时，我的心中就是这种猝不及防的感觉。同时也特别感慨，这么稀罕的东西，竟然就赤裸裸地放在科学中心的大厅之中，没有防范。

马克一号实物前面，有一面很长的图示板，介绍它的历史、基本原理，以及当时《时代》周刊的报道。

以这台设备为中心，可以看到四个出口。一个是刚刚进来的南门，一个是与之相对的北门，当然还有东门和西门。东、西门之间是一个长长的走廊。无论从哪个门出去，都可以很快通向另外一个图书馆。

让我们先沿着走廊向东，在东门口，有电梯和步行梯，在步行梯对面，是科学仪器历史博物馆的一楼展室。

1. 参见维基百科Todd Bol和little free library词条。
2. 参见Little free library官网https://littlefreelibrary.org/。
3. 参见维基百科John Robinson词条。
4. 参见维基百科Robert Joseph Paton Williams词条。
5. 参见http://www.popmath.org.uk/sculpture/pages/4chain.html。

第六章

科学仪器历史博物馆

在科学中心大楼里面，还有一个专门的博物馆，名字有些拗口，The Collection of Historical Scientific Instruments，直译过来，应该是"历史上的科学仪器的收藏馆"。不过，按照国人的习惯，我把它翻译成"科学仪器历史博物馆"。这个博物馆有两个展室，一个叫作普特南展室（The Putnam Gallery），在一楼东侧136室；另一个叫作特展室（Special Exhibitions），在二楼东侧251。

从马克一号沿走廊向东，走到东门，右手就是普特南展室。东门上面的墙上，挂着博物馆当年主题展的招贴。主题是"time and time again"，貌似是刘欢唱过的一句歌词，大概应该这样翻译："时间啊，时间再来"。副题则是我们熟悉的专业话题："科学与文化是怎样塑造了过去、现在和未来"。展期从2013年3月6日到12月6日，差不多整整一个学年。

普特南展室的展品基本上是固定的，长年展出与时间有关的仪器。不用进门，隔着玻璃，就可以看到里面各种钟表和各种类似日晷的天文仪器。

2017年9月1日，为了补充这本书的图片，我专程回到哈佛，来到科学中心。普特南展室里还是熟悉的设备，这次有了一个新的主题："时间、生命与物质：科学在剑桥"（Time, Life & Matter: Science in Cambridge）。从博物馆网站主页上看，这个展览依然在持续着，已经

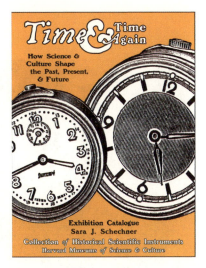

📷 6-1　哈佛科学中心一楼走廊东侧尽头，右侧就是普特南展室。从此门走出，是牛津街。东门的上方，是2013年主题展的招牌　2013.9.18

📷 6-2　"时间再来"的海报
（哈佛官网截图2019.8.21）

📷 6-3　普特南展室的墙面，上书"时间、生命与物质：科学在剑桥"　2017.9.1

📷 6-4 这枚精致的计时设备，从外观上看，一定与天文有关。或者，它本身就是天文仪器 2017.9.1

📷 6-5 在人类早期，要对时间进行精确测量，只有在天文学那里才有可能 2017.9.1

📷 6-6 各种小型的计时仪器 2017.9.1

📷 6-7 天体运行遵从稳定的周期，天文与计时关系密切 2017.9.1

📷 6-8　后面的铭牌上写着，精确到秒，在19世纪后半叶达到　2017.9.1

📷 6-9　这是一个测量核辐射的仪器。玻璃柜上的符号，代表核辐射。如果你在公共场合见到这个符号，那是一种警示　2017.9.1

📷 6-10　这是一组与声学有关的仪器　2017.9.1

变成了一个永久性的展览。

早期对时间的精确测量，来自天文。日月星辰东升西落，周而复始，是人类所能够观察到的精准的周期活动，年、月、日，是人类从古至今所经受的三个稳定的周期。所有的生物及非生物的活动，都是这三个周期长时段地稳定作用的结果，因而也必然顺应着这三个周期。所以早期的计时仪器，也是天文仪器。

只不过，天文时间跨度太大，最短的是日。如果要对日进行细分，就需要其他设备。这个设备必须是具有稳定周期的装置。世界各地的人类尝试过不同手段，比如中国人用过水钟、香，西洋人用过沙漏。中西都曾用过日晷，在日晷上加刻度，细分一天。伽利略曾用脉搏作为基准，认定单摆具有稳定的周期。经过一代代瑞士钟表匠的努力，钟表成为基准，反过来可以测量脉搏。

在这个展室里，不同年代的仪器，构成了一部测量时间的历史。

在普特南展室中，虽然主题是时间，但是也收藏了其他门类的科学仪器。

特展室则轮换着不同的主题，我在哈佛期间，曾经参观过一个主题：“身体知识：解剖的历史”（Body of Knowledge: A History of Anatomy，2014.3.6—2014.12.5）。楼下是时间，楼上是生命，放到一起，颇有意味。

这个展览的一些内容，整合到了永久展览之中。

2017年9月1日，我重返此地，发现特展室有了新的主题：“尺度：观察物质的视角”（2017.3.10—2017.12.10）。巨幅说明中，把众所周知的爱丽丝请出来，说明尺度的变化导致我们对于我们所观察的世界的不同感受。爱丽丝缩小身体，进入了兔子洞，同一个世界就呈现出截然不同的样子来。

科学仪器历史博物馆的两个展馆都是免费的，不过开放时间特别短，有些不适应。周六休息，周日到周五，每天上午11点才开门，下

📷 6-11　感官模型。感官可以视为最原初的科学仪器，感官观察，仪器测量，前者定性，后者定量　2017.9.1

📷 6-12　特展室的墙面，"尺度：观察物质的视角"　2017.9.1

📷 6-13　从科学中心高层的窗子望出去，常常可以看到这个景象　2017.9.1

午4点就闭馆了。学校放假期间，完全闭馆。

　　根据博物馆网站介绍，哈佛大学从1672年开始，为了教学和研究不断购买科学仪器。科学仪器历史博物馆于1948年建馆，就开始保存这些仪器，作为科学技术史的教学资源。现在是世界高校三大此类收藏之一。此馆最初隶属于哈佛图书馆系统，1987年开始由哈佛科学史系负责管理。

　　科学史系代管科学仪器博物馆，顺理成章。系里的有些活动会安排在馆里举行。我在访问期间，有过一次。当时特展室刚刚布置好解剖学的那个主题。系里举行学年聚会，师生济济一堂，满眼是科学史的成名大牛与未来明星。走廊一端的台子上，布满了红酒、沙拉、水果、点心，大家各端一盘，各举一杯，在展室和走廊中，与认识的人闲聊，与不认识的人认识。展室里是各种历史上存在过的解剖设备，各种解剖模型。人与人在聊，人与历史也在聊；人聊着历史，历史参与着此刻。

我在哈佛期间，几次到这两个展室游荡。那些与时间相关的仪器，即使有磨损，仍然精致精美，明亮如新。恰恰是这些磨损，直接呈现了科学的历史。想象它们曾经的主人，与这些仪器相处的日子，依靠这些仪器与自然打交道的情形，又想到科学此刻在当下社会中的正与负的效应，不免格外感慨。

📷 6-14　2017年9月1日，科学中心走廊东侧，右侧是普特南展室，头顶的海报换了2017.9.1

第七章

卡博特科学图书馆

📷 7-1 秋天的下午，科学中心东侧，楼内是卡博特科学图书馆 2013.11.4

    卡博特科学图书馆（Cabot Science Library）是哈佛最大的数理科学与工程类图书馆，与拉蒙特类似，也以哈佛的本科生为服务对象。

    1973年，卡博特科学图书馆与科学中心同时开放。卡博特占据了整个科学中心东半部分的地下一层和地上两层。这个图书馆的名字来自美国实业家和慈善家盖佛瑞·洛威尔·卡博特（Godfrey Lowell

Cabot，1861—1962）。

卡博特是哈佛校友，1882年毕业于化学系，同年组建了自己的公司。卡博特公司是一个庞大的化学企业，涵盖石油、天然气等各种领域，分支机构遍布全球。1890年，卡博特公司已经成为美国第四大炭黑生产商。卡博特热衷于慈善事业，他曾资助MIT的太阳能研究，在光化学、热电领域获得重要发现；他为航空发展设立卡博特奖；为哈佛植物研究设立卡博特基金会（Harvard's Maria Moors Cabot Foundation）。[1]

卡博特科学图书馆开放之后，迅速成为哈佛最受理科生欢迎的图书馆。2000年之后，哈佛图书馆系统发生了重大变化，尤其是2015年之后，很多理科院系的图书馆裁撤，图书并入卡博特之中，大大地充实了卡博特。并入的图书馆主要有：

2005年，坤梅尔地质学图书馆（Kummel Library for the Geological Sciences）；

2016年，麦凯蓝山工程图书馆（McKay Blue Hill Engineering Library）；

📷 7-2　科学中心东侧，画面一楼和二楼都是卡博特科学图书馆　2013.10.11

2017年，物理学图书馆（Physics Library）；

最近的一次是2018年，化学与生物化学图书馆（Chemistry and Chemical Biology Library）。

其中只有第一次发生在我访问之前，另外几次都是在我离开哈佛之后发生的。就在我写作本书时，哈佛图书馆网站改版。2018年暑期，新版旧版网站可以同时访问。到了2019年暑期，旧版已经不能访问，原来的链接大多已经失效。新版的图书馆列表大大减少，只有28个主要的图书馆了。而在旧版的图书馆列表中，几乎有上百个。

2016年，卡博特也重新装修了一次。内部的公共空间发生了变化，与我访问时有所不同。卡博特的大门改变了方向。原来是在科学中心南门内，朝西。现在还在科学中心南门内，大门朝北。门外开放着的咖啡厅和食堂也都随着重新装修，调整了位置。

卡博特就在科学史系的楼下，也是我频繁使用的图书馆。

有一段时间，我常来卡博特科学图书馆。从格雷公园西街的家里走出来，沿着公园路向南，穿过剑桥公园，跨过麻省大道，再走一小段剑桥街，经过美术图书馆，就从西门进入科学中心大楼，到达卡博特科学图书馆。

这个图书馆有几个理由让我喜欢。首先是桌椅舒服，桌面宽大，能铺开各种杂物：笔记本、各种书、水杯、帽子、相机、书包……其次是窗外的风景好，从二楼的窗户看出去，最醒目的是东侧的哈佛纪念堂（Memorial Hall）西墙，这个纪念堂的西侧是安纳伯格宫（Annenberg Hall），是一个专供本科生使用的大饭厅，内部景象如同电影《哈利·波特》里霍格沃茨魔法学校的大饭厅一样，这个饭厅不对外开放。著名的桑德斯剧场（Sanders Theatre）就在这个建筑的东侧。正前方是哈佛园，可见哈佛纪念教堂的尖顶，低头看下去，是科学中心广场。再有，出门就是咖啡馆和食堂。还有非常重要的一点，虽然放在后面说，但是与第一项可以并列，那就是打盹儿指数高。

📷 7-3 重新装修之后的卡博特科学图书馆入口 2017.9.1

📷 7-4 卡博特科学图书馆内的书架与书桌,有一点
拉蒙特的感觉 2014.1.21

📷 7-5 二楼临窗的学习空间,窗外是哈佛校园风
景。卡博特我最喜欢的是这个区域 2014.1.21

📷 7-6　窗外常见的景色，大雪中，哈佛纪念堂的西墙。波士顿有长达四五个月的漫长的冬天，这样的景色十分常见。在温暖的阅览室中，看着窗外的大雪，读书、写作，是一件非常温馨的事儿 2013.12.10

📷 7-7　窗内、窗外　2013.12.10

📷 7-8　卡博特的打盹儿指数也还不错。有几处沙发可以打盹儿。一楼进门处有一组沙发，人流最密的地方，也有人睡觉。这是书库中间的一组沙发 2013.10.11

📷 7-9　在二楼的一端，也藏着这么一个沙发。沙发足够长，甚至可以躺下来。只不过，孤零零的，有点儿不好意思　2013.9.5

📷 7-10　馆内也摆放着大型工具书，放在专门的台子上，供读者翻阅。这是两本博物学的工具书 2013.10.7

📷 7-11　同一个场景，另一个角度 2013.10.7

在美国，科学写作（science writing）是一个行当，从事这个行当的叫科学写作作家，其中有一些人是独立作者，为杂志写专栏，为出版社写书，靠版税为生。按照中国的习惯，他们某些人可以算是科学记者、科普作家，也有些人可以算是科学史学家。比如有一位在中国影响很大的科学写作作家詹姆斯·格莱克（James Gleick），他的《混沌：开创新科学》有至少三个中译本，这本书可以视为关于混沌理论的科学史著作，也可以视为混沌理论的科普著作。他的《牛顿传》《费曼传》都有中译本，也有很好的销量。

　　自然写作（natural writing）是一个类似的行当，写作内容不同。自然写作拥有更久远的历史，谱系更宽，诸如怀特的《塞耳彭博物志》、利奥波德的《沙乡年鉴》、梭罗的《瓦尔登湖》都可以算是自然写作。蕾切尔·卡逊早期也被视为自然写作作家，因其海洋三部曲而知名。她在1962年发表的名著《寂静的春天》，开启了美国以及世界范围内的环境运动，被誉为环境运动的圣经。

　　把自然写作与科学写作相提并论，编在一起，体现了某种观念。按照我现在习惯的说法，可以认为科学写作是以数理科学为对象的；

📷 7-12　卡博特常见的场景　2013.10.7

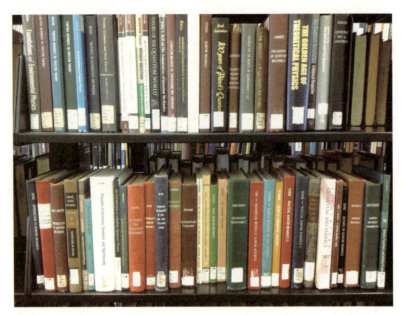

📷 7-13　卡博特的藏书，这个局部都是关于量子力学的　　2014.4.30

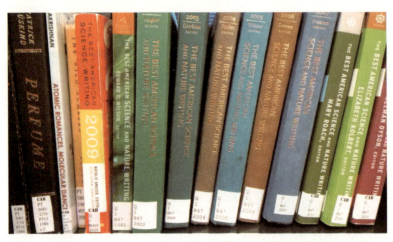

📷 7-14　卡博特的藏书，这一组是逐年编撰的《美国最佳科学写作与自然写作》　　2013.10.7

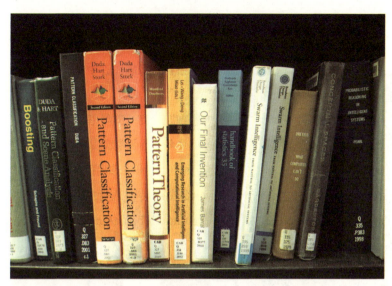

📷 7-15　一组数学和计算机专业书，右侧有一本赭黄色著作是哲学家德雷福斯的名著《计算机不能做什么》　2017.9.1

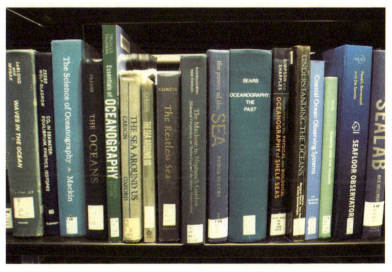

📷 7-16　这一部分是关于海洋的，其中有蕾切尔·卡逊的早期著作《我们周围的海》（*The Sea Around Us*）的两种版本　2017.9.1

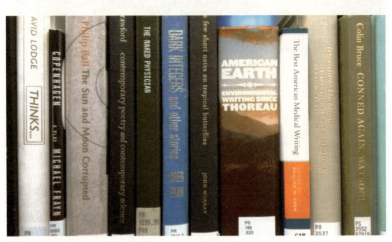

📷 7-17　卡博特书架一角。画面中间偏右彩色书脊的一大厚本是《梭罗以来的美国环境写作》。环境写作（environmental writing），这是一个新的名词，但可以想象与自然写作有很大的交集，侧重点不同。左侧黑底白字的小书是一个话剧剧本，迈克尔·佛莱恩的《哥本哈根》。这本书有至少有两个中译本。一个是中国著名科学史学家戈革的译本，由上海科技出版社出版。另一个是中国话剧院王晓鹰导演的演出本。这出话剧以科学史上的一个重要悬案为素材，构想了"二战"期间海森堡面见玻尔的各种可能性，讨论了科学伦理等问题。王晓鹰导演将这出戏搬上舞台，我曾在王府井的人艺小剧场、国家大剧场小剧场，还有国科大玉泉路校区三次看过他们的演出，还曾在美国加州伯克利附近的一座小城拉菲亚特看过一场当地话剧团的演出　2013.10.7

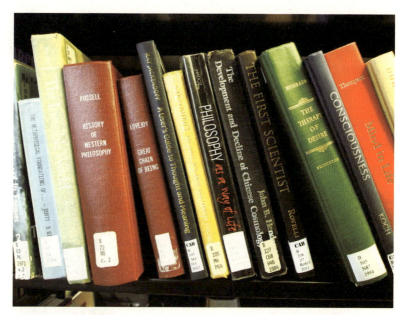

📷 7-18　这一组很哲学，与我的专业关联密切。从左到右，第一本显示完整书脊的是科学思想史名著，伯特的《物理科学的形而上学基础》，然后是另一部科学思想史著作，凯瑟琳·威尔森（Catherine Wilson）的《不可见的世界：早期现代哲学与显微镜的发明》。两个深红的书脊依次是罗素的《西方哲学史》、洛夫乔伊的《存在巨链》，黑色的小册子是语言学家雷·杰肯道夫（Ray Jackendoff）的《思想与意义的使用者指南》，黄色的是科学哲学家迈克尔·波兰尼的《意义》。接下来的黑色平装书是一本哲学著作，法国思想家皮埃尔·阿多（Pierre Hadot）的《哲学作为一种生活方式：从苏格拉底到福柯的精神实践》的英译本，《哲学作为一种生活方式》是一个系列读物，由不同学者撰写。下面黑色书脊的是一部中国科学史著作，约翰·B. 亨德森（John B. Henderson）的《中国宇宙学的发展与衰落》。相邻的另一部黑色书脊的著作是明星作者卡洛·罗韦利（Carlo Rovelli）的《第一位科学家：阿那克西曼德及其遗产》，罗韦利是意大利人，天体物理学家，在美国耶鲁大学做过博士后，他也属于喜欢参与公众事件、喜欢写"科普"的物理学家。在我回国之后，湖南科技出版社陆续出版了他的几种小册子，其中《时间的秩序》和《现实不似你所见》是我的硕士研究生杨光翻译的。绿色书脊的是玛萨·C. 努斯鲍姆（Martha C. Nussbaum）的著作《欲望的治疗：希腊伦理学的理论与实践》。接下来的黑色书脊的小册子是神经生理学家克里斯托夫·科克（Christof Koch）的著作《意识：一个浪漫的还原论者的自白》　2017.9.1

自然写作是以博物学为对象的。

人们常说出国深造，是在同质的意义上理解出国。比如国人推崇北大，也推崇哈佛，是把北大当作水平更高的所谓地方院校，也把哈佛当作水平更高的北大，它们之间的差异是线性的，是在同一个轨道上的不同位置。所以，我更愿意用另外一个词，叫出国交流。

出国，对于年轻人来说，更重要的是体验一种差异巨大的文化，体验一种非常不同的社会。这种差异、这种不同，只有亲身体验才能领会。我第一次出国的时候，已经年过四十了。我常常会感慨，出去得太晚了。实际上，我在2000年前后读博士的时候，当时的刘钝所长曾经给过我一次去英国剑桥的机会，却被我稀里糊涂地放弃了。

美国社会是一种不同的社会，美国大学也是一种不同的大学。这种不同是结构性的。比如我们会习惯性问一位刚认识的学生："你是哪个系的，学什么专业？"我第一次去美国的时候，也经常问这样的问题，但是美国学生常常一脸茫然。经过一段时间之后，我才意识到，这不是我英语不好，而是问题问错了。

中国大学采取专业教育，文理分科从高中就开始了。学生进入大学，直接就进入具体的某一个系，比如我就直接进入了吉林大

7-19　卡博特窗外，哈佛纪念堂西墙
2013.10.7

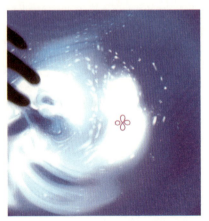

7-20　卡博特一楼的光影互动装置，投影从头顶射向地板，手伸过去，投影就会改变形状，仿佛搅动了池中的水　2013.10.7

7-21　卡博特内的读书人，窗外是哈佛姗姗来迟的春天　2014.4.30

学物理系。在我们读书的时候，转系是一件特别困难的事儿。

美国大学传统上采取通识教育模式，本科生刚刚入学的时候，并不会直接进入哪个系、哪个专业，而是进入不同的"学院"。这里的"学院"并不是按照学科专业划分的，就如在《哈利·波特》中，霍格沃茨的格兰芬多学院、斯莱特林等学院，都是按照创建人的名字命名的，各个学院同在霍格沃茨，每个学院的学生都可以选修霍格沃茨的所有课程。这种"学院"更多是一种生活上的组织机构。如同在霍格沃茨一样，每个学院的美国大学生，都能够且必须自主选修各个板块的课程。比如哈佛，把人文学科、社会科学和自然科学的全部课程分为八大板块，要求每位学生选修的课程覆盖足够的板块。在修满足够的通识学分之后，可以选择一门主修课程，作为自己未来的专业方向。所以新生不属于任何具体的系，到了三、四年级之后，选择了主修专业，才算是进入了某一个具体的系。但是学生与系之间的关系，并不如中国大学那么紧密。因而，问一个美国学生是哪个系的，对方不明就里，不知道如何回答。不过，对于一个老师，可以问他是哪个系的。老师属于具体的系，在哪个系教书，由哪个系发薪水。

我现在所在的南方科技大学自建校以来，就实行通识教育，学生刚入学的时候，不进入各个系，而是从六个书院中选择一个。书院的名字都很雅致，按照成立时间次序，分别是致仁、树仁、致诚、树德、致新、树礼。到二年级或者三年级的时候再进入具体专业，叫作"1+3"或"2+2"。

后来，我又弄明白一件事儿，为什么"专业"的英文是major。major这个词，本意是大多数的、主要的，怎么与"专业"联系起来？这是因为，如果你问一个高年级学生："你是哪个专业的？"他可能会回答"我主修理论物理""我主修文学"，这个major，其实是"主修"的意思。

在这种通识教育制度下，所谓人文与科学"两种文化"的分裂就没有那么强。一位主修物理的同学——按照我们的说法，在物理系毕业的同学——也必须选修足够的人文和社科方面的课程，具有一定的人文素养；一位主修文学的同学，也必须要选修足够的自然科学课程，具有一定的科学素养。与此类似，美国的中学生也没有如我们这样的文理分科。

在这种教育体系下，拥有充分的人文素养，文笔出色的科学家并不稀奇，就会出现像卡洛·罗韦利这样写畅销科普书的天体物理学家。反过来，人文学者对于自然科学也不很陌生。图书馆是大学的核心，贯彻着通识教育的精神。在卡博特这个科学图书馆中，同样有大量的人文类，尤其是科学人文类书籍。

美国的通识教育有不同的门派，以哈佛影响最大。

1943年，当时的哈佛校长科南特（James Conant）组织文理学院和教育学院的12位教授，成立了一个专门的委员会，筹划哈佛的本科教育，探讨"通识教育在民主社会中的目的"。1945年，发表了一个报告《自由社会中的通识教育》，俗称《哈佛通识教育红皮书》。[2]这个红皮书一经发表，就在全美产生了影响，乃至影响了全世界的高等教育。

通识教育是与专业教育相对而言的。红皮书不反对专业教育，但是着重强调通识教育的意义。中文版译者李曼丽在序言中有一些梳理，值得引用。红皮书提出：

> 高等教育应该致力于培养"成人"（man hood），不仅要使学生学会"做事"（to do），更重要的是要使学生学会"做人"（to be）。……反对大学一味迎合社会暂时的或短期需求的过分功利化的教育价值观，主张大学的发展要遵循自身的逻辑，以追求真理为崇高理想。[3]

红皮书提出了通识教育的目标：

> 努力培养"全人"（Whole Man）。全人不是抽象的，而是指"好人"（Good Man）、善良正直的公民（Good Citizen）和有用之人（Useful Man）。[4]

《哈佛通识教育红皮书》指出，通识教育应着重培养人"有效地思考、交流思想、做出恰当判断以及辨别价值"这四种能力，通识教育课程应包括"自然科学、社会科学和人文科学"三大领域。2007年哈佛又对通识教育进行改革，提出通识教育要实现以下目标：一、为学生的公民参与做好准备；二、教育学生能够理解自身是艺术、思想和价值观传统的产物和参与者；三、培养学生对自身言行道德维度的理解；四、使学生能够以批判性和建设性的方式应对社会变化。[5]

哈佛通识教育在具体实施细节上发生了几次变化，但是总体目标没有变。那就是把人作为完整的人，而不是把人作为材料。要让受教育的人对社会、对人类有完整的理解和责任，而不仅仅是成为某个领域的专家。所以，如李曼丽教授所说：

> 每当人们在战争、生态、能源、人口、道德等社会问题前束手无策时，过分重视专业教育、忽视人文教育或通识教育的

7-23　滑动书架上的标签

7-22　重新装修之后卡博特的书库　2017.9.1

7-24　滑动书架的电动按钮

高等教育机构则会成为人们批评的对象之一，通识教育也因此
受到前所未有的重视。[6]

　　哈佛的这个通识教育理念对全世界都产生了影响。现在，全体人
类正面对全球性的环境危机和生态危机，在某种意义上，这个危机正
是人类一叶障目的科学和技术导致的。这更加凸显了通识教育的重要
性。人类需要各个方面的专家，同时也需要各个专家在作为专家的同
时，还具有对于人类整体的，以及对于地球生物圈的视野和关怀。

　　2017年秋季，我在康奈尔访问期间，来波士顿参加4S大会，为了
这本小书，还专程回到哈佛，补拍一些照片。意外地发现，科学中心
一楼和卡博特科学图书馆都重新装修过了，而且有很大的结构上的
变动。

📷 7-25
重新装修过的
卡博特中，酷
炫时尚的鸽子间
2017.9.1

📷 7-26
卡博特的新服务
台，柜上有两个
单词：ASK ME，
问我 2017.9.1

1. 参见维基百科英文Godfrey Lowell Cabot词条。
2. 哈佛委员会：哈佛通识教育红皮书，李曼丽译，北京大学出版社，2010年，译者序第2页。
3. 哈佛委员会：哈佛通识教育红皮书，李曼丽译，北京大学出版社，2010年，译者序第3页。
4. 哈佛委员会：哈佛通识教育红皮书，李曼丽译，北京大学出版社，2010年，译者序第5页。
5. Harvard, Report of the Task Force on General Education, 2007.
6. 哈佛委员会：哈佛通识教育红皮书，李曼丽译，北京大学出版社，2010年，译者序第3页。

第八章

美术图书馆

📷 8-1
立陶尔中心的正面
2013.10.9

科学中心四面有门，从西门出去，紧邻着一座有着希腊门柱的白色建筑，这是1931年建成的立陶尔公共管理中心（Littauer Center of Public Administration）。这座建筑是哈佛经济学系的驻地，不过奇妙的是，哈佛的美术图书馆（Fine Arts Library）也在里面。

立陶尔中心南面是即将钻进科学中心广场下面的剑桥大街，门前只有一条不宽的小路，通向科学中心。北面是一个不小的院落，隔着一片草坪，斜对着哈佛法学院的一座古堡似的建筑，1883年的奥斯汀大楼（Austin Hall）。立陶尔中心南北两面有不同的海拔，南、北门差一层楼。从南面正门进入，上几个台阶，右侧是美术图书馆。再上一层楼，才到北门。

根据哈佛美术馆官网介绍[1]，哈佛美术图书馆主要是为艺术史和建筑史及相关专业服务的。1895年哈佛福格艺术博物馆建成，其中包括了一个图书馆，服务于博物馆的研究人员，以及相关领域的教师和学生。这个美术馆的历史与哈佛在艺术史、建筑史和博物馆研究的学术项目紧密相关。1874年，哈佛聘请了美国著名作家、批评家查尔斯·艾洛特·诺顿（Charles Eliot Norton，1827—1908）前来任教，成为美国第一个设置艺术史教授席位的大学。

1927年，哈佛为福格艺术博物馆在哈佛园东侧的昆西街上建了新楼，图书馆也随之转移过来。1962年，哈佛博艺术物馆系统调整，韦德纳图书馆中一部分与艺术相关的藏书转移到福格艺术博物馆图书馆，这个图书馆在博物馆内获得了更大的空间。与此同时，福格艺术博物馆图书馆加入哈佛学院图书馆系统，并更名为现在这个名字：美术图书馆。这时，这个图书馆已经成为美国最大的艺术类图书馆。

1978年，东方学系的鲁贝尔亚洲研究收藏室（Rübel Asiatic Research Collection）归入美术图书馆。鲁贝尔室有5万卷亚洲艺术史藏品，涉及中国、日本、韩国、印度以及中亚、南亚的艺术、建筑和考古领域的书籍、期刊、地图、拓片、罕见书籍的印刷品、中日卷轴画的复制品等。

1979年，阿加汗伊斯兰建筑项目（Aga Khan Program for Islamic Architecture）在波士顿建设了两个档案中心，分别设在哈佛和麻省理工学院。在哈佛的中心设在美术图书馆。

1999年，哈佛图书馆系统开始建设数字图像系统，美术图书馆也开始提供数字图像。

2009年，美术图书馆的一般藏品和特殊藏品转移到今天的立陶尔中心。数字图像和幻灯片藏品转移到萨克勒楼；2017年，又从萨

8-2 美术图书馆的阅览室，这个位置差不多是在阅览室的最里面，从画面可以感受到阅览室的大小。前景是福格艺术博物馆2013年夏天的展览介绍。遗憾的是，我是秋天到的。福格艺术博物馆进入漫长的装修阶段，一直到我离开，也没有开放 2013.9.17

8-3 阅览室一角，从内向外，远景是出口和服务台，左侧近景是期刊架，右侧正中是阅览室唯一的一处打盹儿空间，两个沙发，两个脚垫。一位女性读者正躺在沙发上，腿伸在脚垫上读书 2013.9.17

8-4 阅览室一角，从外向里。这个画面里可以看到三扇大窗户，每扇窗户的窗台下面，都有一个沙发，配着脚垫。右侧一个姑娘正盘在沙发上看书，舒服地伸着脚。左侧大桌子上，几个人正襟危坐，面对电脑。大家相安无事，各自沉浸在自己的世界里 2013.10.4

📷 8-5 我也打个盹。画面前面椅背上搭着的是我的外套，桌子旁边地上是我的书包。中国人习惯把书包放在旁边的椅子上，如果有人来，再拿起来。我看这里的当地学生，都是直接把书包放在地上。时间一久，便入乡随俗了　2014.4.30

📷 8-6 我的帽子在这个图书馆的桌子上，英文字的意思很好　2013.10.9

克勒楼转移到拉蒙特图书馆。

　　美术图书馆不大，大阅览室也不过是一间大教室的大小，只有四五扇窗户。刷卡进门后，经过服务台，就进入阅览室。

　　阅览室的右侧是工作区，硕大的木制桌椅，一共不到十排。在美术馆官网的历史介绍中，有一张20世纪50年代的黑白照片，同样风格的桌椅，仿佛是那时的桌椅一直保留着。

　　右侧是临窗的过道，窗间是杂志架，窗下有两处可以打盹儿的沙发。虽然这个图书馆很小，打盹儿指数还不算低。

　　本书是按照地理位置，以哈佛园为中心，介绍各个图书馆和博物馆的。在这一章里，又是以科学中心为出发点。这样，美术图书馆就排到了很后的位置。篇幅也不长，很不起眼。但实际上，美术图书馆是我最早工作的图书馆之一。在我的照片记录里，最早来美术图书馆

📷 8-7　图书馆内一个日本玩偶，右上铭牌是这个阅览室的名字：苏珊·莫斯·希尔斯阅览室。苏珊·莫斯·希尔斯（Susan Morse Hilles，1905—2002）是一位著名的艺术品收藏家，也是一位慈善家，她和她的丈夫对美国很多大学都有捐赠。她的名字被简写为SMH。如此简称是一种特别的待遇，比如肯尼迪总统被简称为JFK，而克林顿总统就没有这样的简称。SMH还是七姊妹女子学院拉德克利夫学院的董事，捐赠了校园里的很多建筑，其中包括两个图书馆[2]　2013.10.9

📷 8-8　立陶尔中心外景，自西向东拍摄，正前方大树后面是科学中心，右前方树后隐约可见科学中心广场上的大棚　2013.10.9

📷 8-9 立陶尔中心外景，自东向西。沿此路向前不远，就是麻省大道，跨过麻省大道，是硕大的剑桥公园。一年来我多次走过这条路 2013.11.29

📷 8-10　冬天的立陶尔中心，从哈佛园北墙外，科学中心广场附近拍摄　2013.12.5

的时间是2013年9月17日，我到哈佛不过三周，还住在列克星敦。这样推算，美术图书馆应该是我去过的第二个或者第三个哈佛图书馆。

2013年10月，来哈佛一个月后，我搬到了位于哈佛园西北方向不远的格雷花园西。沿着格雷街向东南，一路风景，穿过硕大的剑桥公园，经过相邻的麻省大道和剑桥街，就进入立陶尔中心这一片哈佛校园。每次走这条路去科学中心，必然要经过美术图书馆。我有时会在此工作，有时来此歇脚。再后来，我学会了利用哈佛校车，最方便的图书馆就变成了哈佛园里的拉蒙特。这个美术图书馆来得就少了。有时路过，也会专门进来坐一会儿，有一种怀旧的感觉。

至于曾经每天走过的剑桥公园，也值得专门介绍。这个公园很大，占了一个街区，从面积上看，差不多能有哈佛园的一半。这一带是美国独立战争时英军行进的路线，周边有各种独立战争的遗迹、遗址。这里仿佛是一座露天的博物馆。剑桥公园的中心是一座独立战争纪念碑。公园西侧，有一棵被一尺高的篱笆围起来的榆树，旁边碑文上说，就是在这棵树下，华盛顿成为美国军队总司令，发出了第一道命令。在地图上，这棵树叫作华盛顿榆。旁边不远，有三门加农炮，石碑上的文字说，这是当年英军撤离波士顿时留在要塞上的。在这儿附近，有一组醒目的雕塑，看起来像是一家人，父亲抱着孩子，母亲坐在一旁，父亲和母亲远远地伸着手，像是告别。一家人都是瘦骨嶙峋。这是1845—1850年爱尔兰大饥荒纪念碑。公园的四周还有一些不那么醒目的雕像，在不经意间，可能会遇到一个铭牌，上面写着这里曾经发生过什么。美国的历史的确很短，不过美国人也的确是珍重历史。

从剑桥公园向东，过马路就是立陶尔中心，但是就在过马路之前，人行道边儿上，也能看到一个铭牌镶在一个不起眼的小房子墙上。过了马路不远，要先经过一个石碑，才能进入美术图书馆。

可以这么说，我每天从格雷花园西的家里出发，走到哈佛校园，一路上都在感受着美国的历史，仿佛很遥远，又像是刚刚发生。

1. 参见哈佛图书馆官网https://library.harvard.edu/libraries/fine-arts#history。
2. 参见哈佛图书馆官网https://library.harvard.edu/libraries/fine-arts#history。

第九章

法学院图书馆

从科学中心西门出去，西北方向一座非常醒目的石头古堡，是1884年建成的奥斯汀楼。楼内有教室、演讲厅，古色古香，这是哈佛法学院的领地，法学院图书馆（Law School Library）曾驻馆于此。

奥斯汀楼的设计者是美国著名建筑设计师亨利·理查森，他的建筑有独特的风格，人称理查森罗马式，是19世纪中叶兴起的新罗马式建筑（罗马复兴式建筑）中的一支。理查森作品众多，最为知名的是位于波士顿市中心的三一教堂（Trinity Church）。奥斯汀楼在1972年被列入美国国家历史遗迹名录。哈佛园内还有一个理查森的作品，就是塞韦尔楼。在上一篇中略有介绍。

沿着奥斯汀楼东侧的小路向北，是一座宏大的希腊式建筑兰德尔大楼（Langdell Hall），1907年建成之后，成为哈佛法学院的主楼，也成为法学院图书馆的新馆址。

哈佛法学院建于1817年，是美国连续开办的最古老的法学院。这个界定有些奇怪，是因为美国曾经有另外两个法学院更早开办，其中一个是威廉–玛丽学院法学院，1779年建立，于美国南北战争期间关闭，1920年重建；另一个是马里兰大学法学院，1816年建立，1824年招生，在南北战争期间关闭。[1]

哈佛法学院为美国法律界、政界输送了大量人才，有八位美国总统曾在此就读，包括奥巴马总统。也有各国政要曾经在此就读。

9-1 古堡一般的奥斯汀楼，1883年之后，法学院图书馆曾在这里 2013.9.17

9-2 奥斯汀大楼外墙局部，注意画面中上部分的花瓣，与现在的哈佛法学院院徽有跨时空的关联 2013.9.7

1817年，哈佛法学院创立的时候，就向学生承诺提供一个"全面完整的法律图书馆"。到1841年，馆藏达6100卷，足以让学生"核实布莱克斯通的法律评论的每一句引文"。[2]威廉·布莱克斯通爵士（Sir William Blackstone，1723—1780）是18世纪英国法官，他的著作《英格兰法律评论》（*Commentaries on the Laws of England*）在18世纪非常有影响。[3]

1870年，克里斯托弗·哥伦布·兰德尔（Christopher Columbus Langdell，1826—1906）被任命为哈佛法学院院长。兰德尔是一位法学

9-3　法学院图书馆正门　2013.11.8

家，他受查尔斯·艾洛特校长的委托，对法学院的教学和管理进行了改革。此前，法律教学只是告诉学生法律条款是什么，兰德尔则把实用主义应用到法律教学上，学生必须努力运用自己的推理能力，针对具体案例，探索法律应用的可能性。[4]

兰德尔做了25年院长，一直到1895年退休。他为哈佛法学院做出了巨大的贡献。在他去世之后第二年，哈佛法学院的新楼落成，就以他的名字命名。

在兰德尔任上，法学院图书馆第一次聘请了一位全职图书管理员。1883年，法学院图书馆搬到了奥斯汀楼中的一个防火的屋子里。七年后，兰德尔打报告，要建一座新的图书馆大楼。到了19世纪20世纪之交，法学院图书馆每年都要增加6000卷藏品。[5]

1906—1907年，兰德尔大楼南翼建成，其中为图书馆预置了7层的

书库。到1910年，法学院图书馆的藏品已经有12万卷。兰德尔大楼的北翼与西翼到1929年才全部完成。中国古人说兵马未动粮草先行，哈佛法学院是图书馆先行。

这个图书馆与我的专业没有关系，我之所以经常来此工作，其实因两个不沾边的理由：一个是环境好，一个是顺路。

从科学中心步行回住处，有两条路可以走。一个是经美术图书馆向西，走剑桥公园；另一个是从法学院图书馆向北，走过法学院的学生中心，再向西。在下雨的时候，这条路尤其方便，从法学院的各个大楼之间穿行，能走出至少两个block。

我一向自诩杂家，什么都感兴趣，什么书都读。但是在我大学期间，有两类数据是我不愿意碰的，就是经济和法律。追溯起来，是有一种莫名其妙的傲慢。一是文科对理科的傲慢，一是形而上对实用的傲慢。20世纪80年代，国人常有一句话挂在嘴边，学好数理化，走遍全天下。这导致在很长一段时间，高中生都推崇理科，文理分班之后，歧视文科班，觉得是理科学不好了才去文科。而在文科之中，选大学专业的时候，文史哲这种形而上的学科更受推崇，经济、法律这种实用性的学科则受歧视。这导致很多人不具备基本的法律常识、经济常识，在对国家大事发表意见时，即使大科学家也会闹笑话。

一直到20世纪90年代，我才慢慢地克服心理障碍，"放下身段"，去了解经济、法律的常识。我的法律启蒙是通过《读书》杂志和《南方周末》，通过贺卫方等人的系列文章完成的。我常说，如何判断一本书是好书？有一个判断方法。如果你读了一本书之后，感觉后脑勺挨了一闷棍，天旋地转，对于以前默认的觉得理所当然的某些东西，觉得不那么理所当然了，产生怀疑了，那这本书，就一定是一本好书。我当时读贺卫方等人的专栏文章就是这种感觉。我学会了一些词：实质正义、程序正义、无罪推定、沉默的权利、辩护权、不得自证其罪（无须自证清白）……每一个都让我震撼，与少年时所默认的价值观都是拧着的。实际上，我最初也是抵触的。辛普森明明就是杀人了，为什么就不能治他的罪？这种程序正义不是在保护坏人吗？给这种坏人辩护的律师，怎么能是好人？怎么能让坏人逍遥法外？

现代法律思想在我们以往的大众文化中是比较单薄的。我们更多的是一种朴素的正义观。杀人偿命，欠债还钱；大路不平人人砍，砍尽不平方太平……没有程序正义，只有实质正义。任何人，都可以成为实质正义的执行者。如果没有清官、明君，就寄希望于侠客，行侠仗义！乃至于在《七侠五义》里，侠客成了青天的仆从。

曾经听诗人王一培讲过美国经历，他曾经乘坐"灰狗"旅行，去了很多地方。"灰狗"（grey hound）是美国的一家长途大巴公司，差不多遍布美国，是美国人除了自驾、飞机之外，最重要的长途旅行方式。

有一次，王一培手里拎着半瓶白酒，在一个镇里的灰狗站上车。司机说，

9-4 一进门就能看到约瑟夫·斯道瑞（Joseph Story, 1779—1845）的坐像。斯道瑞于1812年成为美国联邦最高法院大法官，1829年受聘哈佛法学院教授。铭牌介绍中说，他对哈佛法学院未来的塑造，超过了任何一个人。另外，这个雕塑的作者是他的儿子威廉·斯道瑞（William Story）。威廉追随了父亲，1838年哈佛学院毕业后，进入哈佛法学院，1840年毕业，先做律师、法律写作作者，后投身于雕塑事业 2013.10.7

白酒不能上车。王一培对司机说："这不是酒，这是我的药，我是中国人，我需要吃中药，需要用酒服药。"王一培对我们说："司机只说了一句话，我就二话不说，把酒扔到垃圾筒里了。"然后，王一培问我们："你们猜猜，司机说了一句什么话？"

这个故事我也转述给其他朋友和学生，作为思维方式不同的例子。司机说的是：

"你有医生的证明吗？"

这是美国人习惯的思维方式和处事方式，讲究程序正义，寻求第三方的判断。

有病吃药，是正当的；用酒下药，是美国人所不熟悉的。但是这位司机，并不是自己来做判断，直接驳斥王一培说法荒谬，或者接受王一培的解释让他带酒上车，而是寻求第三方权威。这个权威不来自领导，而是来自专家：生病吃药的事儿，医生是专家。你有医生的证明，比如处方，这个理由就可以接受，你拿不出来，那就不能上车。

不仅司机这样想问题，处理问题，乘客也是这样。司机要求医生的证明，在其他人看来，也是最正当的要求。自己拿不出来，就只能老老实实地把酒扔了。

相比之下，我们所常

📷 9-5　刷卡进门，眼前是大阅览室　2013.11.2

📷 9-6　阅览室的气氛庄重、严肃　2013.11.18

📷 9-7　阳光射入大窗，另有一种神圣感　2013.11.8

见的景象是司机和乘客争论得不亦乐乎，相互比拼医学知识。甚至会有其他乘客打抱不平，参与进来，变成了大型辩论现场。

尊重法律，尊重契约，这种思维方式和行为方式，是在漫长的历史中逐渐形成的。英国的《大宪章》，是贵族和国王签订的契约，明文确定双方的权利和义务。即使是国王，也不拥有无限的权利。有一句名言："风可进，雨可进，国王不能进。"强调个人权利不可侵犯，即使一间透风漏雨的茅草房，未经房子主人同意，国王也不能进，更加不能强行闯入。

美国曾是大英帝国的殖民地，美国的建国者原本是来自欧洲的移民，也继承了欧洲的法律精神。法律精神是美国的立国基础。

美国的国家体制对于中国人来说，需要认真花费一些时间才能慢慢理解。我刚到伯克利的时候，就曾为此而困惑。加州相当于一个省，那伯克利是一个市，旧金山当然也是一个市，但伯克利与旧金山是什么关系呢？我最初本能地以为，旧金山比伯克利的行政级别更高，有一个隶属关系。过了很久，才意识到，它们之间是平行的。在邮政地址上，加州之下，直接写伯克利，不需要写旧金山。

不久前，认真阅读了王建勋先生的著作《用野心对抗野心——〈联邦党人文集〉讲稿》[6]，获得新知之余，也对我所理解的美国做了交叉认证。

我们通常只是知道美国三权分立，人们相对了解的是立法、司法、行政这三权分立，三者互不统属，相互独立，相互制衡。立法权在国会，司法权在法院，行政权在总统府。美国四年一届的总统大选，选出来的只是行政分支的首脑。名为总统，但只是行政分支的最高领导。总统有权力任命各个行政分支的负责人，诸如司法部长、财政部长、中情局局长之类的，而无权干预国会和法院的内部事务。在这三权之外，还有所谓的第四权——大众传媒。

稍微深入了解，就会发现，美国岂止是三权分立，简直是处处分

📷 9-8　四面墙上，挂着大幅画像，都是法学院历史上做出巨大贡献的重要人物，彰显功勋，激励后人。大家在先贤的目光下，读书、学习　2013.11.18

📷 9-9　法学院大号的木桌子，特别合我的口味。台灯也好。但是我不喜欢这种工业性的旋转椅　2013.10.7

9-10 画面上的《比较法学》粗看是中文文献，其实是日本早稻田大学办的日文杂志。旁边屏幕上是我当时写的文章，后来发表在《读书》杂志2014年4月号，再后收入《警惕科学》（2017年，完整版）2013.10.7

9-11 阅览室的室内设置，有中国书法的风格。疏可跑马，密不透风。这是一处集中的休闲场所　2013.11.18

立，是个分形结构。在横向的分立之外，还有各种纵向的分立。国会之中，参议院和众议院互不统属，议长虽然中文名叫议长，也无权命令议员，议员和议员之间相互独立。美国也有各级法院，但是联邦最高法院不能命令各州法院，也无权命令各州的联邦巡回法院。法官独立办案，级别最低的法官也是独立办案，不需要听从高级别法官的指导。

纵向的分立，让人最难以理解的是，总统无权命令州长。州长是本州公民选举出来的，只对本州公民负责。同样，州长也不能命令县长，因为县长也是民选的，不是州长任命的。

在美国的历史上，先有相互独立的十三州，然后才有联邦。美国的州是state，原本是国家的意思。美国正式名称United States of America的中文译名"美利坚合众国"，倒是双关着原初的意思。"合众国"，既是一个"合众"的"国"，也是一个"合"起来的"众国"。当年的每一个州，都曾是一个独立的国家。每个州国的内部，也是三权分立的，有自己的法院、议会和行政分支。

当初"五月花号"在美国东海岸登陆的时候，移民就在船上签订了一个条约。大家决定不要国王，自己管理自己。它的基本逻辑是这样的。每个人都是独立的，互不统属，大家自愿结成共同体，形成社会。为了让社会有序运行，也节约成本，每个人都让渡一部分权利，组建政府。政府的基本功能有两个，一是提供公共服务，比如公共交通、公共卫生、公

9-12
在庄严肃穆的法学院图书馆阅览室里，也有不少供人放松的角落。此馆打盹儿指数不低
2013.11.18

共安全、教育，这些事情如果每个人或者各家各户单独去做，成本就会非常之高，不如组团实惠；其二是维护社会公正，所以需要法院、警察。但是何为公正，是建立在社会共识之上的，这种社会共识以法律的形式固定下来。社会共识发生变化，法律也会发生变化。公共服务需要成本，政府公务员需要薪水，所以需要公民交税。所以在美国电影里经常听到有人理直气壮地自称纳税人。

美国社会有高度的公民自治、社区自治的传统。美国人评价孩子有一个词叫作leadership，中文翻译为领导力。在一群孩子里，会自发地出现一个孩子头。这个孩子头就有领导力。但是，领导力不只是孩子头有，每个孩子都有不同程度、不同方面的领导力。至少，要有对于自己的领导力——自主性、独立性。

我在康奈尔访问时，住在伊萨卡的郊区，深入了美国基层社会，结交了不少朋友。一个普通的高中生，在一家面包坊做面包师，有一个爱好是画画，包里有一个小到只有一本书大的水彩盒和绘画本，随时能拿出来画几笔。同一个面包坊的另一个面包师，下班之后就成了乐队的吉他手，穿梭在手指湖（finger lakes）一带的各个葡萄酒庄园演奏。在伊萨卡一带，我们见识了很多这样的普通民众，感觉民间社会充满着活力和弹性。

追溯哈佛法学院的历史，会遇到一个严重的政治正确问题。在哈佛法学院的创建中，有一位绕不过去的人物：小伊萨克·罗伊尔（Isaac Royall Jr.，1719—1781）。1779年，罗伊尔留下遗嘱，留给哈佛学院约24平方千米土地，指定哈佛设立一位法学教授职位，或者一位生理和解剖学教授职位。1815年，哈佛设置了罗伊尔法学教授职位。1817年，成立了哈佛法学院。[7]罗伊尔可谓对哈佛贡献巨大。历届哈佛法学院院长都会按照惯例接受罗伊尔法学教授的职位。一直到2003年，艾琳娜·卡根（Elena Kagan）教授就任院长，打破了惯例，拒绝了这个头衔。[8]

这是因为，罗伊尔家族的历史不够清白。罗伊尔的父亲老伊萨克·罗伊尔（Isaac Royall Sr., 1677—1739）是一个庄园主，也是奴隶主，还是奴隶贩子。1739年，小伊萨克二十岁，老伊萨克去世。罗伊尔继承了他父亲在北美的庄园十山农场（Ten Hills Farm）、十八个奴隶，还有在加勒比海安提瓜（Antigua）的植物园。十山农场现在有一个博物馆，名叫Isaac Royall House，可以直译为"伊萨克·罗伊尔宫"其中有美国东北现存的唯一一个slave quarters——字面的意思是"奴隶营房"或"奴隶宿舍"。

罗伊尔一举成为北美殖民地顶尖富豪，声名鹊起。他积极投资实业，也投身公共事务，他做过地方执法官、梅德福（Medford）地方委员会主席、梅德福在殖民地的代表，还做过哈佛学院监察委员会的委员。[9]

1765年，美国独立战争爆发，罗伊尔的立场是保皇派。1765年4月19日，独立战争第一枪在列克星敦打响。梅德福位于波士顿和列克星敦之间，差不多在英军行进的路上。不过在此前三天，罗伊尔逃离了梅德福。逃跑前，他释放了他的奴隶，给他们自由。美国独立后，1778年，马萨诸塞州颁布了一个《马萨诸塞州驱逐法案》（Massachusetts Banishment Act）中，对三百多位社会名流永久驱逐，不得回到麻省，也不得到美国其他州。罗伊尔名列其中。他在加拿大住了一段时间之后，搬到英格兰与女儿团聚。不久后，于1781年死于天花。[10]罗伊尔心系麻省，虽然人已经被驱逐了，却依然在遗嘱中把土地留给哈佛。

艾琳娜·卡根教授经历丰富，先后在普林斯顿大学、牛津大学和哈佛大学法学院获得学位。担任过芝加哥大学教授、白宫顾问和美国总统比尔·克林顿的政策顾问。1999年，她重返学界，到哈佛法学院做访问教授，其间发表了一篇重要文章，论述美国总统的角色和对联邦法律的影响。2001年，卡根被哈佛法学院正式聘为教授。2003年，成为哈佛法学院院长，是这个职位的第一位女性。2007年，卡根成为哈佛校长的热门人选，进入最后一轮，功亏一篑。2009年，由奥巴马总统提名，卡根就任美国联邦副检察长，是这个职位的第一位女性。一年后，再由奥巴马总统提名，就任美国最高法院大法官，是这个职位的第四位女性。[11]

卡根教授在哈佛法学院的继任者也是一位女性，玛萨·路易斯·米诺（Martha Louise Minow），她同样拒绝了罗伊尔法学教授这个职位。米诺在哈佛法学院院长的位置上坐了八年，2017年辞去院长职位，只做教授。继任米诺的是约翰·曼宁（John F. Manning），就是现任院长。从哈佛法学院官网上看，他也没有接受罗伊尔法学教授的职位。

我刚去美国时，看到很多教授称谓上前面有一个名字，有些困惑。后来知道，这是一种特殊的头衔。比如罗伊尔法学教授，是出自罗伊尔的捐赠而设立的，教授的薪水也是由这个捐赠的基金提供的。通常，会比普通的教授要高一些。有时也是一种荣誉。这也是公民自治传统的某种体现。比方说，如果你对中医感兴趣，而哈佛医学院并没有设置一位中医教授，那么你可以捐赠一笔钱给哈佛，指定设置一个中医教授的职位。如果哈佛接受了你这笔钱，就有义务设立这样一个职位，并在这个职位前面冠上你的名字。当然哈佛也非常有可能拒绝你的捐赠。

卡根教授不认为罗伊尔法学教授是一个荣誉，她拒绝了这个职位，当然也拒绝了这个职位的薪水。

不过，就在卡根教授的院长任期内，2007年9月17日，另一位女教授珍妮特·哈雷（Janet Halley）接受了罗伊尔法学教授的职位。在《今日哈佛法律》网站上，新闻的标题就是《珍妮特·哈雷接受了罗伊尔的头衔》。[12]哈雷教授发表了一个演讲，题为《我的伊萨克·罗伊尔遗产》。[13]其中她说道："这是事实，设立罗伊尔职位的基金，

9-13 哈雷教授演讲时，挂在讲台后面的罗伊尔家族画像，右立者为小伊萨克·罗伊尔。美国画家罗伯特·费克（Robert Feke，1707—1752）于1741年绘制。1879年由乔治·史蒂文斯·琼斯（George Stevens Jones）博士赠予哈佛学院 （来自哈佛图书馆官网）

直接地和/或间接地，来自对人的贩卖以及那些人的劳动——这些是事实。"但是，她继续说："应该怎样面对这些事实？只是从谴责和救赎的二元立场思考，似乎无法解决这个问题的复杂性。"[14]

在演讲的开头，哈雷依次列举了历届罗伊尔法学教授的名字，共17位，都是一些重要的法学学者。在演讲的结尾，哈雷又列举了另外一些人的名字，只有名字，没有姓，他们是罗伊尔奴隶的名字，共33位，其中有14位在罗伊尔留下遗嘱的时候依然活着，也获得了解放。[15][16]

哈雷的演讲是在哈佛法学院的卡斯博森厅（Casperson Room）举行的，就在讲台的背后，挂着罗伊尔一家画像的复制品。[17]

不过，在哈佛官网哈雷教授的主页上，她现在的头衔是伊莱·戈德斯顿法学教授（Eli Goldston Professor of Law）。[18]主页上没有讳言，她曾经是罗伊尔法学教授。

哈雷演讲时挂在讲台后的那幅画像，在哈佛图书馆的电子系统中，提供了高清电子版，可以直接访问。[19]

在欧美旅行，经常能够看到各种盾形的徽章，也叫盾徽。传统的家族和机构，都有各自的徽章。不但哈佛有徽章，哈佛的各个学院也有各自的徽章。哈佛法学院以前的徽章是这样的（见图9-14），上面是哈佛红背景上的构成哈佛校训的七个拉丁字母，下面是三捆麦子。为什么法学院的院徽里有三捆麦子？以前大家并未留意。我应该也是见过这个院徽的，但是完全没有印象。

2015年10月，哈佛法学院的访问教授丹尼尔·科基莱特（Daniel Coquillette）出版了一部历史著作《在功勋的战场上——哈佛法学院，第一个百年》（*On the Battlefield of Merit: Harvard Law School, the First Century*），把哈佛法学院徽章的历史翻了出来，原来，这三捆麦子是从罗伊尔家族的盾徽中挪用过来的。[20]这个盾徽并不是与法学院同时诞生的。1936年，哈佛三百周年校庆，著名的纹章艺术家、哈佛校友、前英文教授皮埃尔·德夏农·拉罗斯（Pierre de Chaignon la Rose，1871—1941）为哈佛每个学院设计了一个徽章，包括哈佛法学院的徽

9-14 哈佛法学院原来的徽章

9-15 哈佛法学院现在的徽章，2021年启用

章。1937年正式启用，成为哈佛法学院的象征。[21]

2015年10月20日，哈佛法学院以Antuan Johnson、Alexander Clayborne和Sean Cuddihy为首的几位学生，在脸书和推特上宣布组织了一场运动，名为"罗伊尔必须倒下"（Royall Must Fall），给当时的法学院院长玛萨·米诺写了一封公开信，要求更改院徽。[22]

这场运动是对同年3月9日发生在南非开普敦大学的"罗兹必须倒下"（Rhodes Must Fall）运动的响应，开普敦大学的同学们要求拆除校内塞西尔·罗兹（Cecil Rhodes，1853—1902）的雕像。这场运动迅速取得了成功，仅在一个月后，4月9日，罗兹就"倒下"了。[23]

不过，哈佛的运动没有这么顺利。2016年2月15日，学生们宣布占领法学院卡斯博森学生中心（Caspersen Student Center）的哈斯休息室（Haas Lounge），并把学生中心紧邻的瓦瑟斯坦大楼（Wasserstein Hall）更名为贝琳达大楼（Belinda Hall），以纪念贝琳达·萨顿（Belinda Sutton）。[24]这是一位具有传奇色彩的女性。

贝琳达是罗伊尔家族的奴隶，原本没有姓氏，早年以罗伊尔为姓，萨顿是后来的夫姓。罗伊尔在遗嘱中表示付给贝琳达"3年，30英镑"。罗伊尔在1781年去世后，罗伊尔的遗嘱执行人应该也执行了这个遗嘱。贝琳达的惊人之处在于，1783年她向麻省总法院（Massachusetts General Court）起诉，要求从罗伊尔财产中支付她的养老金。法官裁决从罗伊尔的资产中，每年支付她15英镑12先令的养老金。不过，这笔钱贝琳达只在1785年得到过一次。于是她再次起诉，并再次胜诉。贝琳达诉状是官方记录中非裔美国妇女最早的文字之一。她激发了诗人的灵感和历史学家的热情。2015年，她的事迹进入了公众视野。[25]

我是在2014年8月底离开哈佛的。"罗伊尔必须倒下"这场运动发生在我离开之后。学生们改名的大楼和占领的休息室，曾经是我频繁出入的地方。卡斯博森、瓦瑟斯坦大楼和演习侧楼（Clinical Wing）是

📷 9-16　也有这样的角落，供读者无声对弈
2013.11.18

📷 9-17　法学院图书馆一角　2013.11.12

彼此相通的一组新建筑，位于兰德尔大楼北侧。其中主体部分平行于
麻省大道。每次在法学院图书馆工作之后，尤其是在雨雪天，我便会
沿着草坪边上的小路向北，进入学生中心，经过哈斯休息室，穿过瓦
瑟斯坦大楼的一楼，从北门走出。北门外是哈佛书店的一个营业部。
过麻省大道，沿着小巷向西，向北，就回到了我在格雷花园西的住
处。哈斯休息室里有沙发、台灯、茶几，可以读书，可以打盹儿，是
一个课间午间暂停的好去处。在哈佛校园里，有很多这样的场所。不
用说，哈斯（Robert Haas）也是一位哈佛校友，他的捐赠为这组大楼
的建设做出了贡献。

在学生占领哈斯休息室之后的几个月里，这里频繁举行着相关主题的演讲、讲座和辩论活动。2016年3月3日，米诺院长任命的一个由学生、教师、职员和校友组成的委员会提出了更换院徽的建议。11天后，哈佛董事会接受了这个建议。学生们在推特上欢呼："罗伊尔已经倒了。"[26]

罗伊尔倒了，新院徽迟迟未至。直到2021年8月23日，哈佛法学院的新院徽于终于投入使用[27]。这个院徽是集体设计完成的，最上面一排是三本打开的书，上面写着哈佛校训的三个拉丁词，其下有一行拉丁文LEX ET IUSTITIA，意为"法律与正义"，再下盾尖部分，由一组几何曲线交织而成。这组曲线与哈佛法学院第一座大楼奥斯汀楼外墙的一个砖花（图9-2）的曲线有承继关系。新院徽象征：（1）多样性与多元性；（2）让世界更好的领导力；（3）对法律与正义的根本追求。[28]

在这期间，还有一件事儿值得一说。2019年，安提瓜和巴布达政府向哈佛法学院提出赔偿要求。他们认为，哈佛法学院作为罗伊尔财产的受益者，应该为罗伊尔家族当年在这个国家对人们的奴役负责。[29]

法学院图书馆对我还有另一个用途，就是充电。在兰德尔楼外的大草坪上工作到笔记本没电的时候，距离最近的有电源的工作场所，就是这里。

大草坪四季有不同的风景，与哈佛园一样，还可以举行重大活动。每年开学的时候，毕业典礼的时候，草坪上会突然出现很多临时的塑料桌椅、帐篷。学生、家长、校友，熙熙攘攘，如同硕大的集市。几天之后，忽然在一夜之间，消散一空。又变成了空空荡荡、安安静静的校园。

📷 9-18 在兰德尔大楼与皮尔斯大楼之间，是一片硕大的林间空地，其中有很多桌椅，随时可以坐下来工作。我也特别喜欢这片地方，随便找个桌子坐下来，打开笔记本，接上校园网，就是工作台。头顶有鸟鸣，身边有松鼠忙碌，有时，松鼠会跑到桌子上来。前方的大楼就是兰德尔楼，法院学图书馆在其南翼　2013.10.11

1. 参见维基百科harvard law school词条。
2. 参见哈佛法学院图书馆主页https://hls.harvard.edu/library/about-the-library/history-of-the-harvard-law-school-library/。
3. 参见维基百科Commentaries on the Laws of England词条。
4. 参见维基百科Christopher Columbus Langdell词条。
5. 参见哈佛法学院图书馆主页https://hls.harvard.edu/library/about-the-library/history-of-the-harvard-law-school-library/。
6. 王建勋：用野心对抗野心——《联邦党人文集》讲稿，东方出版社，2020年第一版。
7. 参见维基百科Isaac Royall Jr. 词条。
8. 参见维基百科哈佛法学院词条。
9. 参见哈佛大学出版社官网https://harvardpress.typepad.com/hup_publicity/2015/11/isaac-royall-jr-slave-master-harvard-law-school-benefactor.html。
10. 参见维基百科Isaac Royall Jr. 词条。
11. 参见维基百科Elena Kagan词条。
12. Janet Halley takes the Royall Chair,Harvard Law Today, September 18, 2007. https://today.law.harvard.edu/janet-halley-takes-the-royall-chair/。
13. Janet Halley, My Isaac Royall Legacy, Harvard Blackletter Law Journal, Vol. 24, 2008.
14. Janet Halley takes the Royall Chair,Harvard Law Today, September 18, 200.
15. Janet Halley, My Isaac Royall Legacy, Harvard Blackletter Law Journal, Vol. 24, 2008.

📷 9-19　兰德尔楼外草坪上的桌椅，远景右前方是兰德尔大楼　2013.11.8

16. Janet Halley takes the Royall Chair,Harvard Law Today, September 18, 2007.

17. Janet Halley, My Isaac Royall Legacy, Harvard Blackletter Law Journal, Vol. 24, 2008.

18. 参见哈佛法学院官网珍妮特·哈雷教授主页https://hls.harvard.edu/faculty/directory/10356/Halley。

19. 参见哈佛官网https://hollis.harvard.edu/primo-explore/viewcomponent/L/HVD_VIAolvwork598105?vid=HVD2&imageId=urn-3:HLS.LIBR:5027930&adaptor=。

20. 参见哈佛法学院官网https://hls.harvard.edu/about/the-harvard-law-school-shield/。

21. 参见哈佛法学院官网《哈佛法学院院徽设计报告》。https://hls.harvard.edu/wp-content/uploads/2022/08/HLS-Shield-Working-Group-Report-1.pdf。

22. 参见"哈佛法学院院徽展"展览说明，"罗伊尔必须倒下：那个院徽退役了"。https://exhibits.law.harvard.edu/royall-must-fall-shield-retired。

23. 参见维基百科Rhodes Must Fall词条。

24. 同22。

25. 参见罗伊尔故居官网https://royallhouse.org/slavery/belinda-sutton-and-her-petitions/。

26. 同22。

27. Valentina Di Liscia, "After Student Pressure, Harvard Law School Ditches Logo Connected to Slavery", *Hyperallergic*, August 23, 2021.

28. 参见哈佛法学院官网https://hls.harvard.edu/about/the-harvard-law-school-shield/。

29. 参见维基百科harvard law school词条。

第十章

哈佛自然博物馆

与兰德尔大楼隔草坪相对的，是1901年建成的皮尔斯大楼（Pierce Hall），这是哈佛的工程与应用科学学院，楼内有一座小图书馆：高登·麦凯图书馆（Gordon McKay Library）。这个图书馆我曾专程去过一两次。

皮尔斯大楼面向东，楼前是南北向的牛津街。牛津街的起点就在南面不远的科学中心的东门处。牛津街在此与柯克兰街垂直相遇，构成一个丁字路口。向北，穿出哈佛校园之后，一直到波特广场才停下来。

隔牛津街与皮尔斯大楼相对的，是隐映在树丛草坪深处的一座庞大的"U"形建筑——哈佛自然博物馆（Harvard Museum of Natural History）。

注意自然博物馆的英文名称，有一个history，通常是历史的意思。所以很多中文的介绍里，包括在地图上，都写作"哈佛自然历史博物馆"。这里涉及一个关于natural history如何翻译的学术公案。natural history，从字面上看，是"自然的历史"的意思，所以常被翻译成"自然史"。不过，natural history同时还有另一种译法，"博物学"，相应地，natural historian是"博物学家"。博物学家还有一个更简短的英文名称：naturalist。但是为什么natural history会翻译成博物学呢？刘华杰教授专门做过考证，写过文章。核心意思是说，history这个词在早期并没有今天"历史"的意思，而是探究、考究、研究的

📷 10-1 草坪深处的哈佛自然博物馆 2014.5.10

意思，有中文"县志"中的"志"的意思。而且，博物学这个译名也是在很久以前就有了，比如北京自然博物馆的官方英文名就是Beijing Museum of Natural History。刘华杰是中国新博物学运动的发起人、理论家和实践家，他在这方面有专门的研究。不过，毕竟这个词在后来有了历史的意思，而且，还有另一个英文词natural philosophy，被毫无争议地翻译成自然哲学，那么，natural history翻译成自然史似乎也就顺理成章了。一个历史，一个哲学，两者对称。在这个问题上，国内学者有一些争论。简而言之，刘华杰一派主张翻译成博物学，或者博物；吴国盛一派主张翻译成自然史，或者自然志。吴国盛教授也是中国新博物学运动的重要推手。两方都写了不少文章。

我更倾向于刘华杰一派的主张，所以把natural history翻译成博物学。然而，museum本身是博物馆的意思，那么，Harvard Museum of Natural History就应该翻译成"哈佛博物学博物馆"了。这又涉及"博物"这个词的多重意义。在中文语境下，"博物"的概念更大，博物的对象包括自然物，也包括人工物，甚至以往主要指人工物。所以中文的"博物"，与museum更为吻合。所以我把"博物学"的"学"去掉，加上"自然"，把两个"博物"合为一个，就是"哈佛自然博物馆"。这与北京自然博物馆的思路是一样的。

中国新博物学运动自2000年前后开始，至今已经有二十多年。自2010年之后，博物学迅速深入人心，全国各地有各种博物活动组织，最常见的有观鸟协会，围绕各种植物、昆虫也都有爱好者自发形成的组织。出版领域每年都涌现出大量作品，印制精美，图文并茂。影视领域除了类似于《帝企鹅日记》这样的电影大片外，网络上有大量自媒体的博物短视频作品。所以今天，在中文语境下，以自然物为对象的"博物"已经进入大众话语。

哈佛自然博物馆所处的这座"U"形建筑分三部分，每一部分都是一个博物馆。最早落成的是南侧翼的皮博迪考古与人类学博物馆（Peabody Museum of Archaeology and Ethnology），1876年建成；然后是北侧翼加上西侧一半，整体呈"L"形的比较动物学博物馆（Museum of Comparative Zoology），1888年建成；最后是剩下来的小半截正面，是地质学博物馆（Geological Museum），1891年建成。在比较动物学博物馆内，有一个恩斯特·迈尔图书馆（Ernst Mayr Library）。

现在的哈佛自然博物馆是1998年确定下来的，把哈佛植物标本馆、矿物学与地质学博物馆和比较动物学博物馆的一部分内容整合起来，开放给公众。而这三座博物馆自身只供研究人员使用，并不面向公众。

哈佛自然博物馆面向公众开放，普通票价15美元，非哈佛学生10美元，65岁以上13美元，3—18岁10美元，3岁以下免费。

哈佛师生拥有特殊的福利，不但自己免费，还可以带一位客人。

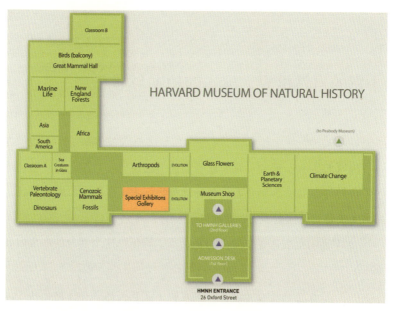

📷 10-2　哈佛自然博物馆展馆结构图　（来自哈佛自然博物馆官网　2019.10.6）

不过，我在哈佛期间，这个博物馆只去过两三次，太浪费了。

进入哈佛自然博物馆的正门，只有一个很小的售票口。购票或者刷卡入门之后，上二楼，才是大厅。大厅入口处是博物馆商店，有很多纪念品，值得购买。

南侧是地质馆，有两个主题展厅，首先是"地球与行星科学"，展示着各种矿石，然后是"气候变化"，以展板与影像为主。这个区域走到尽头，就通向了人类学博物馆。

北侧是展示着生命演化的部分，有十来个主题展厅，总面积是前者的两三倍，内容更加丰富，更加好看。从左侧开始，依次是：演化、特别展馆、新生代哺乳动物化石、古脊椎动物–恐龙、玻璃中的海洋生命、南美、亚洲、海洋生命、大型哺乳动物、鸟儿们（在阳台），就到了整个建筑的尽头，再转回来，是新英格兰森林、非洲、节肢动物，最后一个展厅内容还是演化。

丰富的自然世界，标本的功勋与罪恶

从大厅左转，向北，马上就看到墙上的说明："演化"。随后就是一个一个展馆，各种化石，各种动植物标本，各个窗口琳琅满目，有些物种依然活跃着，有些物种已经灭绝了。

文字说明也表达了布展人的观念。"演化"这个部分的序言内容如下：

> 地球上的生命（过去和现在的）是巨大的多样性演化的结果，它们有着共同的祖先。演化是一个事实，有无穷的证据。演化发生的过程是科学家的研究对象，尤其是在哈佛。这些研究使我们对生命的历史和未来有新的洞察，并且使我们在医药、自然保护和其他关键领域的诸多问题有所回应。

其中直接地表达了对达尔文演化论的支持，也表达了很强的人类中心主义倾向，把对自然演化的研究归结为对人类的各种用途，并把"医药"单列出来，放在首位。

按照现在的地球演化理论，海洋是生命的源头。地球上的生命是从海洋中孕育出来的。哈佛自然博物馆里有大量的海洋生物的标本。在海洋动物中，贝壳类的生物标本比较容易获得，看起来只要把贝壳捡回来就行了，不需要杀死动物，不涉及伦理问题。

所谓耳听为虚眼见为实，早年的博物学家同时也是标本专家。当时没有便利的摄影工具，不制成标本，如何能展示给同行，传之于世？所以，他们见到了特别的植物，总是要采下来做成标本；见到了特别的昆虫，也要捉一对，做成标本；见到了特殊的飞鸟，会一枪打

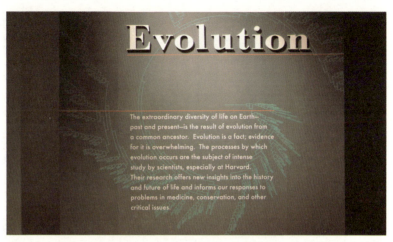

📷 10-3 展厅一进门的文字说明，标题是"演化" 2013.12.27

📷 10-4 各种贝壳类生物的标本，正中是一个巨大的砗磲 2013.12.27

📷 10-5 扇贝、牡蛎、砗磲 2013.12.27

📷 10-6 一枚硕大的鹦鹉螺。我在上小学时读过一套少儿百科全书，有一本是关于数学曲线的。其中数学上的螺线与海螺截面的精准吻合，让我印象深刻 2013.12.27

📷 10-7 一枚来自新西兰的刺牡蛎 2013.12.27

📷 10-8　两只猫头鹰、一只北美黑熊和一只鱼貂。它们不是模型，是标本　2013.12.27

下来，做成标本；见到了特殊的走兽，一枪打不死，就多打几枪，做成标本。好的标本要能够展示细节，栩栩如生。诡异的是，这些标本原本是活生生的生命。除了极少数生前有名的动物是在寿终正寝之后被制成标本的，绝大多数都是被活活杀害解剖后制成标本的。这些行为在当年都是天经地义的必要的科学活动，到了今天，则要受到各种伦理审查的约束。

在地球的生命史上，曾经发生过五次生物大灭绝。其中发生在白垩纪的第五次大灭绝是我们最为熟悉的，当时地球上的霸主恐龙灭绝了。我们现在能看到恐龙的化石，并根据化石猜测恐龙活着时的样子，再据此制作科幻电影里的恐龙形象。

不过，也有人说，第六次大灭绝正在发生。[1]以往的五次灭绝都是由于地球上的自然环境突发灾变导致的，而这一次大灭绝的直接原因是人类的活动。诡异的是，好多动物灭绝的最后一根稻草，来自博物学家对标本的热情。罗思柴尔德男爵二世是一个很好的例子：

（罗思柴尔德男爵二世）感兴趣的是博物学，并且成了一个狂热的标本收藏家。他派遣了大批训练有素的人员（一次多达400人）到地球的每个角落，他们翻山越岭，披荆斩棘，为的就是寻找新的标本——尤其是飞禽的标本。他们将搜集而来的标本装箱或打包寄到罗思柴尔德在特林镇的庄园。收到这些标本以后，罗思柴尔德和他的一帮助手开始分门别类进行详尽的登记和研究。在此基础之上，他出版了一系列书籍、文集和论文，总计达1200多卷。罗思柴尔德的博物学车间加工了200多万件标本，为科学资料库增加了5000多个新品种。

　　罗思柴尔德确实是那个时代最具有科学头脑的收集者，同时也是最可悲的杀戮者，因为到了19世纪90年代，他开始对夏威夷产生兴趣，那里也许是地球上最具吸引力而又最容易遭受破坏的地方。……在十年左右的时间里，在罗思柴尔德的天罗地网下，至少有九种夏威夷鸟类消失，甚至可能更多。[2]

📷 10-9　一只麝鼠和一只水獭的标本，背景是他们的生活环境照片　2013.12.27

10-10
现在北美依然
可见的驼鹿，
我拍摄此图之
后的第二年夏
天，就在黄石
公园见到了活
体 2013.12.27

　　从认知的角度，从知识传播的角度，这些标本当然对"人类"做出了巨大的贡献。但是，反过来说，人类这种方式的求知，人类这种方式的知识传播，同时也是对被认知对象的伤害。

　　庄子在濮水钓鱼，楚王派两位大夫请他去楚国做官。庄子说，我听说楚国有一只神龟，死的时候三千岁了。楚王把这只龟供奉在庙堂之上。庄子问：你们说，这只龟，是愿意死了留着标本在博物馆供着，还是愿意拖着尾巴在泥里玩呢？两位大夫回答说，那当然是愿意活着呀。于是庄子回答说："往矣，吾将曳尾于涂中。"（出自《庄子·秋水》）这些被制成标本的动物没有机会回答这个问题。博物学家不容分说，就做了。

　　当然，动物伦理和环境伦理的思想运动对博物实践也产生了影响。现在博物学已经不再如此强调标本的重要性。一个人要证明自己发现了新种，不一定要提供标本，提供照片也是可以的。对于采集、制作标本，尤其是动物标本，也有了更多的伦理约束。

哈佛自然博物馆中的标本，绝大多数是以前保留下来的。哈佛的比较动物学博物馆现在有2100万件标本，包括化石标本和动植物标本。在自然博物馆中展出的只是其中一部分。

📷 10-11
一只来自加拿大南部的灰狐的标本
2013.12.27

📷 10-12
灰狐标本严肃的神情 2013.12.27

10-13 各种鸟的标本 2013.12.27

10-14 另一群鸟 2014.3.20

10-15 帝企鹅与它的蛋 2014.3.20

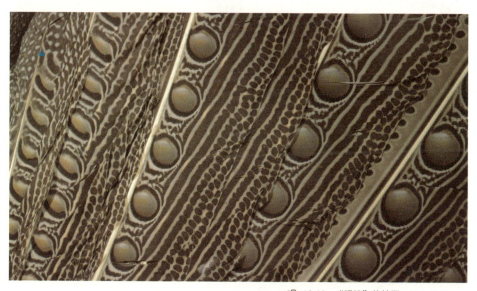

📷 10-17 大眼斑雉的羽毛上，仿佛有无数眼睛
2013.12.27

📷 10-16   一只大眼斑雉   2013.12.27

📷 10-18   "眼睛"的特写   2013.12.27

📷 10-19　长舌果蝠的标本，做飞翔状　2014.3.20

📷 10-20　大飞狐　2014.3.20

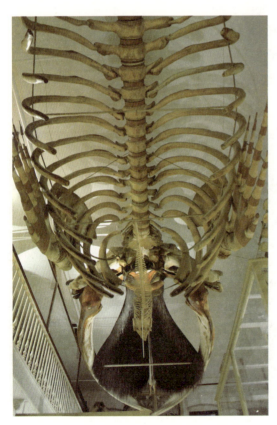

📷 10-21

蓦然仰头，发现头顶悬着

巨大的骨架　2013.12.27

📷 10-22

身前身后，都是巨大的哺乳
类动物　2014.1.29

📷 10-23　从二楼看下来，是这样的　2013.12.27

📷 10-24　巨型食蚁兽的标本和骨骼　2014.1.29

玻璃花：空前绝后的科学艺术

早有耳闻，玻璃花是哈佛博物馆的一大奇观。转了一圈，在入口的背面，两大展区中间，看到了一个外观不大起眼的展室。

展室不大，一间教室大小。中间围着一圈玻璃柜子，四周墙上也都是玻璃柜，柜子里放着一个个植物标本，花瓣、花萼、叶子、枝条，有的还把各个部分单列出来，如常见的西洋博物画。当然，所有这些标本，都是玻璃做的！

📷 10-25

生病了的带着叶子的小苹果

从画面上看，应该是这样一个故事：这个小苹果连同它生长的枝叶，刚刚从树上折下来，放在纸面上，用铁环固定，被拍成照片

这个苹果显然是生病了。叶子枯黄，有锈斑。果实刚刚成熟，上面红，下面黄、青，不幸也有成片的锈斑。过一段时间，这个苹果就应该腐烂，或者萎缩，变成生病的苹果干

然而，这个苹果既不会腐烂，也不会萎缩，它一诞生就是这个样子，到现在已经有一百多年了，并且，大概率会一直这样下去。因为，这个生病了的小苹果，是玻璃做的，一百年前制作的

我所拍摄的不是苹果，而是玻璃苹果。事实上，直到今天，我还得再三提醒自己，这是玻璃　2013.12.27

展室已经显得有些陈旧了。从展柜的样式到展室的风格，都显得很陈旧。仔细看看说明，不由得暗自惊叹，用"陈旧"这个词实在太不恰当了，应该说"古老"。

哈佛自然博物馆官网上是这样介绍的：

> 具有国际声誉的布拉施卡（Blaschka）系列玻璃植物模型是哈佛最为著名的珍宝之一，更为人所知的名字是"玻璃花"。这些独特的藏品是由捷克玻璃艺术家利奥波德·布拉施卡（Leopold Blaschka，1822—1895）和鲁道夫·布拉施卡（Rudolf Blaschka，1857—1939）父子制作的。从1886年到1936年的50年间，布拉施卡父子创作了4300个玻璃模型，代表780个植物物种。[3]

为了让读者感受一下布拉施卡父子的工艺是如何精湛，我把"生了病的带着叶子的小苹果"（图10-25）排在了前面。不过，展厅里最典型的展品，是图10-26这样的。

哈佛定制的玻璃花首先是为教学使用的，所以布拉施卡父子为哈佛制作的

📷 10-26　一幅典型的玻璃花标本，枝叶花俱全。下面最大的是主标签，最醒目的一行字*Schizanthus pinnatus* Ruiz & pav是标本的拉丁学名，下面的一行字butterfly flower和fringe flower是两个英文俗名，再下两个词说这是智利培育品种。左下角是标本的制作者L & R. Blaschka（布拉施卡父子），制作时间1890年。在整株标本后侧，分布着一些蝴蝶花的器官，很多博物画和标本也是这样做的。不过，这些玻璃制作的植物器官是高度放大的。比如，右下角的雄蕊放大了60倍，旁边的花柱放大了25倍，其上的不孕雄蕊放大了100倍，正右带着部分花冠的不孕雄蕊放大了10倍　2013.12.27

📷 10-27　一幅典型的西方博物画：微毛樱桃。主体部分是植物，植物的各个器官围绕在画面四周。这是1787年创刊的《柯蒂斯植物杂志》（*Curtis's Botanical Magazine*）第152—153合辑（1926年1月出版）中的一幅版画插图　（王钊供图）

玻璃花标本，其实是模拟了西方博物画的形式。

　　图10-27就是一幅典型的西方植物博物画。画面右上角9192是此植物（图版）在杂志中的编号，意味着这是该杂志自创刊以来介绍的第9192株植物。这个植物在杂志中的拉丁文名字是*Prunus pilosiuscula*，这是植物学家E. 克内（E. Koehne）博士命名的。这是一种中国特有的植物，杂志中说，它分布于中国四川和甘肃南部。这种植物有很多名字，在南方科技大学举办的"花开异域：西方世界的中国植物"博物画展上，王钊博士将它的中文名定为"微毛樱桃"。

　　图版的左下角是这幅图的作者。L. Snelling应该是莉莲·斯内林（Lilian Snelling，1879—1972），她被认为是20世纪前半叶最重要的英国植物艺术家，与《柯蒂斯植物杂志》长期合作（1921—1952），长达

📷 10-28

当代中国博物画家李聪颖的博物画。画面主体是两根树枝，一根描绘了叶序和花的关系，一根没有画花和叶，突出了枝条的排列规律。四周是细节图，除了常规的花（正、侧）、果和种子，还有叶片正反面、叶顶端凹缺及叶片上微小的白色泡泡状鳞片。整幅图使用的细纹水彩纸，水彩渲染。这株植物是中国青年学者胡君和蒋洪发现的鼠李科新种，为纪念长期在横断山脉工作的植物学家和生态学家刘照光先生，拉丁文命名为*Colubrina zhaoguangii*，中文名定为旱谷蛇藤。此新种已经于2022年发表于《生态系统健康与可持续》（*Ecosystem Health and Sustainability*）

（李聪颖和胡君、蒋洪授权使用图片，并提供文字说明）

10-29
展室一面墙的
局部，其中可
见三株植物的
标本模型。展
厅几面墙上，
都是这样连续
排列的玻璃花
2013.12.27

31年。[4]另一位W. E. Trevithick则应该是威廉姆·爱德华·维里维西克（William Edward Trevithick，1899—1958），这是一位爱尔兰植物插画家，为《柯蒂斯植物杂志》制作了大约60幅图版。[5]

这个展室里，四周的墙上，以及室内的展柜里，展出的都是这样一幅一幅的玻璃标本。墙上的整体效果是图10-29中这样的。

这些作品让我对布拉施卡一家充满了好奇。他们既拥有强大的玻璃技艺，又有着浓厚的博物情怀。两者缺一不可。

网络时代，了解一个历史上的著名人物要容易多了。根据维基百科介绍，布拉施卡家族的源头能够追溯到捷克伊泽拉山脉（Jizera mountain）的一个小镇约瑟夫斯塔（Josefsthal），那里以加工玻璃、金属和宝石而知名。我去过欧洲的一些小镇，每个小镇都有一些延续很多很多代的规模不大的家族企业。可以想象，约瑟夫斯塔镇上也有大量这样的家族。

利奥波德特别强调家族传统的重要性，他在一封信中说：

许多人认为我们有一些秘密的设备，借此我们可以将玻璃迅速挤压成这些形状，但事实并非如此。我们有的是手感。我的儿子鲁道夫比我的手感好，因为他是我的儿子。这种手感会一代一代地提高。所以我经常对人说，要成为一名玻璃模型师，唯一的途径是，有一个热爱玻璃的曾祖父；然后，他要有一个有着同样品位的儿子——成为你的祖父。然后，你的祖父也要一个同样酷爱玻璃的儿子——成为你的父亲。你，作为他的儿子，就可以试试你的手感了。如果你没有成功，那是你自己的错。但是，如果你没有这样的代代祖先，那就不是你的错了。我的祖父是波希米亚最著名的玻璃匠。[6]

显然，这是利奥波德的君子自况，至少以他为中心的连续三代人都是这样。利奥波德于1822年出生，是家中的第三子，早年还在家乡做过金匠和石匠的学徒，后来加入制作玻璃装饰和玻璃眼睛的家族企业。他开发一项他称之为转玻璃（glass-spinning）的工艺，从而能够制作出极其富有细节又极其精准的玻璃制品。[7]

1846年，利奥波德与卡洛琳（Caroline Zimmermann）结婚，四年后，1850年，儿子出生。然而，不幸的是，就在这一年，妻子和儿子都死于霍乱。再过一年，他的父亲也去世了。连续走了三位至亲，利奥波德悲伤难抑，他向大自然寻求安慰，开始画乡下家中周边的植物。1853年，利奥波德去美国旅行，船行缓慢，他就在途中画海洋里的无脊椎动物。海洋无脊椎动物"玻璃一样透明的身体"激发了他的灵感，于是他开始琢磨利用他的玻璃技艺制作生物模型。[8]

1854年，利奥波德与另一位卡洛琳（Caroline Riegel）结婚，也是在这一年，他在致力于家族事业之余，用闲暇时间制作玻璃植物。这些植物模型吸引了罗汉的卡米尔王子（Prince Camille de Rohan）的注意。卡米尔王子是一位博物学家。1957年，卡米尔在一座城堡接见了

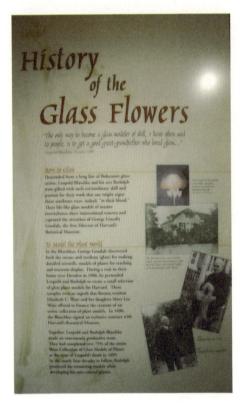

利奥波德，委托他制作100件玻璃兰花模型，作为私人收藏。就在这一年，利奥波德的儿子鲁道夫出生了。[9]

　　1862年，卡米尔在他布拉格的宫殿中展出了他的100件玻璃兰花模型和一些异域植物，这些展品吸引了植物学家、鸟类学家路德维希·莱辛巴赫（Ludwig Reichenbach，1793—1879）教授的注意。莱辛巴赫教授是德累斯顿自然博物馆的主管，他对利奥波德的玻璃植物非常着迷，并且联想到了海洋无脊椎动物。在19世纪，博物馆展出这些动物的方式是，捉一个活着的动物，放在一个密封的酒精瓶子里。由于这些动物没有骨头，随着时间的流逝，这个样本会失去颜色，变成一团糨糊样的东西。1863年，莱辛巴赫教授委托利奥波德制作了12个

10-31

布拉施卡一家。前排是利
奥波德和他的夫人卡洛
琳，后排站立的是他们的
儿子鲁道夫 （照片出自
哈佛植物标本图书馆，作
者不详，拍摄年代不详）

玻璃海葵。这些海葵模型一下子引起了轰动，三维立体、颜色鲜艳、
永不腐烂、细节精微，被誉为"科学界的艺术奇迹和艺术界的科学奇
迹"，一下子超越了以前的所有展示方式：绘画、印刷、照相、纸型
和蜡像。[10]

　　莱辛巴赫教授建议利奥波德放弃家族的传统事业，专为博物馆、
水族馆、大学和私人收藏机构制作海洋无脊椎动物。在莱辛巴赫教授
的推广下，大量科学和科普机构给利奥波德发来大笔订单。利奥波德
举家迁往德累斯顿，鲁道夫可以在此接受更好的教育，同时接受利奥
波德的玻璃工艺培训。布拉施卡家族有了一个全新的事业。[11]

📷 10-32

一支玻璃花束。
1889年，利奥波
德送给韦尔母女
的礼物。现在是
哈佛玻璃花收藏
的一部分

（来自维基百
科，Bard Cadarn，
2018.5.14）

　　1880年前后，鲁道夫出师了。在这一年，他们父子为波士顿自然博物馆（现在的波士顿科学博物馆）制作了131个海洋动物模型，同时也为哈佛比较动物学博物馆制作了几件。这又引起了乔治·古德尔（George Lincoln Goodale，1839—1923）教授的注意。古德尔教授是美国植物学家，当时正在建设哈佛植物博物馆。与莱辛巴赫教授一样，古德尔教授马上就意识到，玻璃模型是极佳的科学教育工具。与标本相比，玻璃模型是三维的，永不褪色。[12]

　　1886年，古德尔教授前往德累斯顿，拜访了布拉施卡父子，希望他们为哈佛制作植物模型。据说，古德尔教授看到了利奥波德在二十年前制作的几株玻璃兰花，依然栩栩如生。当时利奥波德的海洋动物模型非常成功，不想节外生枝。不过最终，他还是很不情愿地同意为哈佛制作几个样品。这些样品遭到了美国海关的严重破坏，古德尔教授就用这些样品的碎片广为展示，论证玻璃模型是最好的植物学教具，寻找经济支持。古德尔教授找到了他从前的学生玛丽·韦尔（Mary Lee Ware，1858—1937）和她的母亲伊丽莎白·韦尔（Elizabeth Cabot Lee Ware），母女两位都很富有，并且都是哈佛植物系的重要资助人。[13]

在她们的支持下，1887年，布拉施卡父子决定用一半时间为哈佛制作玻璃花，另一半时间继续制作海洋动物。不过，很快，布拉施卡父子觉得难以兼顾。1890年，布拉施卡父子与哈佛签订了一个十年合约，每年8800马克，专为哈佛制作玻璃花。为保证安全，他们还获得了一项权利，玻璃花直接寄到哈佛，由博物馆的馆员开箱，由海关职员监看。

玛丽·韦尔不仅提供金钱资助，还参与到整个活动中，她曾三次前往德累斯顿。在漫长的合作中，布拉施卡父子与玛丽·韦尔和哈佛植物博物馆结下了深厚的友谊。1892年，鲁道夫前往加勒比海和美国，专程学习植物，做了大量素描和笔记。1895年，鲁道夫再度来美国。他在美国期间，利奥波德去世了。鲁道夫独自继续这项事业。进度慢了下来，但作品更为完美。制作玻璃花需要高质量的玻璃原料，到了1900年之后，能满足玻璃花质量要求的玻璃越来越难买到了，鲁道夫精益求精，干脆自己从原料做起。玛丽·韦尔在1908年访问鲁道夫时证实了这一点。她与哈佛植物博物馆第二任主管奥克斯·阿姆斯（Oakes Ames，1874—1950）就此事的通信于1961年1月9日发表在哈佛植物博物馆通讯上，标题是《玻璃花是怎样制成的》。[14]

1911年，鲁道夫与弗里达（Frieda）结婚。他们悄悄地举办了一个小型婚礼，然后，去了捷克的山中小镇鲁道夫斯塔，一百多年前，他

📷 10-33 玻璃花展室2016年之后的样子,明亮,整洁。一株株植物标本,颜色鲜艳,看似鲜花,其实都是玻璃做的 (来自维基百科glass flower词条 2022.7.10)

们的曾祖父作为玻璃大师生活过的地方,也有最后的机会访问了古老的作坊——不久之后就将被拆除,再也看不见了。

1923年9月,鲁道夫给玛丽写了一封信,告诉她已经发出了四箱玻璃标本,"一战"后的第一批玻璃花。同时还说,由于德国物价膨胀,税收繁重,他们已经没有钱了。而博物馆尚未寄去1923年的酬金。到了11月,鲁道夫收到了500美元和奥克斯·阿姆斯教授的信。信中说,古德尔教授已经去世了,那笔钱是古德尔教授的儿子弗朗西斯寄去的。

阿姆斯教授对玻璃花的热情不及前任,但是仍然继续了这项事业,并提出了新的要求。鲁道夫愉快地制作了橄榄和葡萄藤,并由此衍生出一系列不同状态的果实,新鲜的,还有腐烂的。

阿姆斯教授与玛丽·韦尔往来频繁,他们的通信内容逐渐从兴奋到担心，因为鲁道夫也开始老了。

鲁道夫为哈佛工作到了1938年，那一年，鲁道夫八十岁了，他宣布退休。遗憾的是，他和他父亲都没有收别的徒弟，鲁道夫与他的妻子弗里达没有孩子。布拉施卡家族神奇的玻璃花工艺传统就此中止了。

"二战"时，德累斯顿遭到了盟军的多次轰炸，整个城市几乎被炸平。与法兰克福一样，现在的德累斯顿是在废墟上重建的。幸运的是，布拉施卡父子的作坊幸存了下来。1993年，美国著名的玻璃生产商康宁公司的博物馆和哈佛联合起来，从弗里达的侄女盖特露德·庞斯（Gertrud Pones）手里，把残存的作坊材料买了下来。[15]

我在访问的时候，室内灯光昏暗，所以我拍摄的照片颗粒较粗，精度稍差。这个展室在2016年进行了"历史性的"重建，原来的展柜得到了修缮，引进了新的照明系统和精致的保护系统。从官网网页上的图片看，整个展室已经焕然一新了。

新展室展出了一个专题，叫作"腐败的果实"，是二十年来的第一次展出。这些展品都是鲁道夫·布拉施卡创作的，他竟然用一系列玻璃模型，呈现了草莓、桃、杏、李子和梨的腐败过程，一个阶段一个阶段，栩栩如生。

大地上的石头

　　进入哈佛自然博物馆的正门，右转，就会进入地质馆。地质馆的设计非常简明，两个大厅连在一起，一个主题是"地球与行星科学"，另一个是"气候变化"。

　　地球与行星科学展厅是常设的。展厅布局与动植物标本馆截然不同。那边像迷宫一样，标本分布在一条又一条的窄巷里。这边的展厅巨大、开阔，一眼可以望到另外一端。展厅中分布着一行一行玻璃展柜。印象最深的是石头，各种石头，大大小小的石头。有原石，也有

📷 10-34　地球与行星科学展厅　2013.12.27

切割后的标本。很多标本如宝石一般，璀璨闪亮——其实就是宝石。石头作为博物的对象，倒是不分中西，古已有之。

这个展厅的镇厅之宝是一个700多千克的紫水晶，来自巴西。

展览的说明强调，这个展览采纳了最新的研究成果。这些石头

📷 10-35 700多千克的巴西紫水晶 2013.12.27

📷 10-36 巴西紫水晶的局部 2013.12.27

Heulandite

Nasik, Maharashtra
India

Crystals of India Collection
110041

📷 10-37　这是一块来自印度的片沸石。远看像一个鸟巢，鸟巢里孵着几个鸟蛋，有的已经出壳，有的刚出壳　2013.12.27

📷 10-38 一块来自美国伊利诺伊的萤石（fluorite），看起来平淡无奇，也有秘密藏在其中
2013.12.27

📷 10-39 一块红色的方解石（calcite），来自英国。在展厅中，没有意识到calcite是一个
我熟悉的名字，只是觉得这个红色的石头，远看像红色的菠萝。我在中学的时候就知道了方
解石，依稀觉得物理老师在解释双折射现象的时候，曾经把一块白色的方解石带到教室里。
我后来见过的方解石，也都是白色的   2013.12.27

📷 10-40　这块金刚石一般的石头也是方解石，来自冰岛　2013.12.27

📷 10-41　来自美国印第安纳州的霰石，如同岩石里生出的叶子。霰石与方解石成分类似，但结构非常不同　2013.12.27

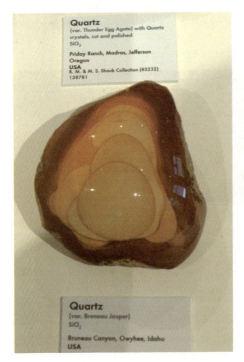

📷 10-42　美国爱达荷州的石英，像是一颗温暖的蛋　2013.12.27

📷 10-43　美国亚利桑那州的蓝铜矿，远看像是石头上长着苔藓　2013.12.27

是地球形成过程的产物,是地球演化过程的一部分。有些石头的形成时间,可以追溯到太阳系的早期。在远古的陨石和地球上的古老矿石中,藏着行星起源的秘密。

石头是大地的精华,尤其是晶体,会让人产生魔幻的感觉。久久凝视,如同凝视深渊。有些会让人忍俊不禁,有些会让人肃然起敬,也有些让我想起过去。

石英是地球上第二丰富的矿物,主要成分是二氧化硅。石英最常

📷 10-44 这块放在玻璃柜中隆重展出的石头,名字非常普通,是石膏。来自墨西哥一座地下200多米的铅矿 2013.12.27

📷 10-45 墨西哥石膏的特写,很像是电影《超人》中的一处场景
2013.12.27

📷 10-46　来自世界各地的黄玉，大多数竟然不是黄色的。黄玉是真的宝石，用来制作首饰
2013.12.27

📷 10-47　就用这几块最像石头的石头结束吧　2013.12.27

见的形态是沙子。石英也会呈现出各种漂亮的晶体，坚硬、透明。但是，这样像鸟蛋一般看起来柔软圆润的石英，我还没有见过。从性状上看，仿佛里面正在进行着某种类似化学钟的震荡反应，被凝固下来。

这个展厅的另一个部分"气候变化"是由展板图片和多媒体展示构成的。如果说，前面的展厅说的是过去，这个展厅展示的就是当下与紧迫的未来。全球变暖、极地消融、冰川退缩、物种灭绝，人类正处于越来越严峻的全球性生态危机和环境危机之中，地球生物圈岌岌可危。人类必须在非常短的时间里完成文明转向，从工业文明转向生态文明。否则，一旦地球生物圈崩溃，人类文明所存在的生态前提不复存在，人类文明便将灭亡。

从这部分的展板和展台走过，穿过一道门，就来到了这个"U"形建筑的南翼，进入了这个建筑最早完成并使用的部分：皮博迪考古与人类学博物馆，1876年建成。

1. 伊丽莎白·科尔伯特：大灭绝时代———部反常的自然史，上海译文出版社，2015年第一版。
2. 比尔·布莱森：万物简史，接力出版社，2016年，第477—478页。
3. 参见哈佛大学自然博物馆官网https://hmnh.harvard.edu/glass-flowers。
4. 参见维基百科Lilian Snelling词条。
5. 参见维基百科William Edward Trevithick词条。
6. 参见维基百科Leopold and Rudolf Blaschka词条。
7—15. 同上。

后记

看到设计好的样书，感到很亲切。大体上就是我想象的样子。有一点儿激动，一桩拖延了几年的事儿，终于要看到结果了。

2013年秋天到2014年夏天，我前往哈佛科学史系访问。这是我第二次长时间在美国生活。上一次是在2007年，去的是西海岸的伯克利。当时，曾有人跟我说起过美国的多样性和复杂性。从北京到纽约，当然是出了国了。从纽约到旧金山，感觉又出了国。我是反过来的。在波士顿这一年，的确是有着与西海岸非常不同的体验。其中之一，竟然是图书馆。不过，这一点倒是不能归之于东西海岸的文化差异，而是我自身的原因。

我是在哈佛期间才真正体验到了美国的图书馆文化。主要是因为，伯克利给我的待遇太好了。我当时访问的伯克利科学技术史中心（OHST，Berkeley）史蒂夫楼（Stephen Hall）。在它的中心三楼有一间巨大的阅览室，屋子中间几条长长的大木桌分隔成大约十几个座位，博士生每人一个。西侧几面大窗子正对着校园的标志性建筑——钟塔。南侧隔出来几个隔间，给访问学者用作办公室，两人一间。与我共用的另一位学者几乎不来，我便得以独享。哈佛科学史系则没有这么好的条件。访问学者没有办公室，一到学校，只能自己找地方。我最初一个月住在距离剑桥很远的列克星敦，每次去校园，路上要一个多小时。时间成本大，但我不能没事儿就不去学校，去了就办事，办完事儿就回家。那样固然省事省钱，可是，那还算是在哈佛访问吗？

我的生存能力一向很强，很快我就发现，在无课可上、无处可去的时候，图书馆是最好的去处。并且，很快我就爱上了图书馆。后来我搬到校园附近，即使校园无事，即使家中的工作环境也还不错，我也常去图书馆，把图书馆当作办公室。图书馆的工作气氛、学习气氛，让我觉得比办公室还要好——如果有的话。这些美好的感受，难免要在微博、微信上炫耀一下。于是，杨虚杰便向我约稿，写一本《哈佛的图书馆》。

这个提议一下子就打动了我。我很早就有照相记录的习惯，大约从读研开始，我就习惯随身带一个相机，后来又做过记者，做过人类学田野工作，照相便成了我的职业行为。甚至到了智能手机时代，我也习惯随身带一部相机。从胶片到数码，从傻瓜到单反，不知道换过多少台了。巨量的照片连起来，就是我的生命轨迹。所以我马上就答应了下来。即使不写这样一本书，我也同样会随地照相的。而既然有了稿约，就有意识地多照一些，照得周全一点儿。并且，有意识地体验不同的图书馆。

📷 0-12 这本书的画面大多是这部相机拍摄的，拍摄这个相机的是另一个常用装备，iPad2平板电脑 2014.5.7. 9:11

2014年夏天回国之后，一直忙得脚不沾地。这些照片都趴在硬盘里，我甚至没有时间自己重新看一遍，选一选。杨虚杰的约稿也就拖了下来。我在朋友圈中，是臭名昭著的拖延症重度患者。有好几本书，拖着拖着就拖黄了。甚至收了人家预付款的，也拖黄了。虽然在我自己年轻的时候，非常鄙视不守信用的人，我自己也在很长时间里以守信履诺而自我标榜。

人在体制，就要受体制的约束，就要完成体制的考核指标，就不得不申请课题。2017年，我用这个题目申请北京市科协的科普创作基金，为了向科普靠拢，加上了博物馆。承蒙当年各位评委不弃，《哈佛的图书馆和博物馆》获得了那一年的资助，我也终于启动了这本书的写作。

《哥德尔·埃舍尔·巴赫》的作者侯世达提出了一个侯世达定律："做一件事儿所需要的时间，总会比预计的时间要长，即使考虑了侯世达定律，也是如此。"我自己也曾提出过一个类似的定律："所谓计划，就是想要做而做不成的事儿。"人总是会高估自己的能力，会低估事件完成的难度。

我在年轻的时候，是一个完美主义者，所以我没有办法对付一件事儿。虽然最初，我是有着对付的打算；在行动的时候，我也常常告诉自己，差不多就行了。但是一旦操作起来，就忍不住陷进去。我不能允许自己停留在表面，我无法容忍自己把自己看着有明显缺陷的东西交出去。于是坑越挖越深，越挖越大。虽然这种异禀能让我做出一些还算漂亮的工作，但也有一些，就烂尾了。

这本书就是这样。一打开键盘，一拿起照片，我就无法满足简单地回忆、介绍，不由自主地，就启动了学术模式：检索、调研、复述及建构每一个图书馆的历史，创始人、捐赠人，捐赠者和主政者最初的意图……每写一个部分，都差不多是一篇小论文。有时候，为了一个名字的由来，会耗上几天时间。

这样一来，不但无法按照预想的时间完成，很快，连申请时的结构都不能保持了。原来的目录是按照图书馆的属性分类的，调整的目录是按照图书馆的地理位置分类的。写作总量大大超出原来的预期。

2017年秋天，我前往康奈尔大学STS系做访问学者，在伊萨卡陆陆续续生活了一年。所以很荒谬，这本关于哈佛图书馆的书的主体部分，是在康奈尔大学和伊萨卡学院的各个图书馆完成的。实际上，2017年9月去波士顿开会的时候，我还专程回哈佛补拍了一些照片。然而，这其实是我不提倡的一种工作状态。我一向主张，到什么山，唱什么歌儿。在康奈尔写哈佛的书，实在有些拧巴。这使得我最初预计在康奈尔完成的翻译计划搁浅了。而更加荒谬的是，这本书也没能如期完成。

2018年暑假回国，我的生活又进入了新的阶段。2019年年底，我正式入职南方科技大学。2020年年初，我开始常驻深圳。也就在此时，疫情暴发，人类进入新冠元年。新的职位、新的城市，需要付出新的努力。虽然这本书一直挂在我的计划上，我也不时回到这本书上来，但一直没能顺利结稿。直到2022年春节，不得不与我的完美主义做一个了断。

现在这本书由"哈佛园"与"哈佛园北"两个部分构成。哈佛最早、最重要的图书馆都在哈佛园里，其中有哈佛图书馆主馆韦德纳，有珍本善本馆霍顿，有最受本科生欢迎的拉蒙特，以及其他几个小馆。从哈佛园北门出去，是另一片重要的哈佛校园，其中有最重要的理工科图书馆卡博特，有美术图书馆和法学院图书馆。哈佛规模最大的科学博物馆：哈佛自然博物馆也在这一带。在哈佛科学中心大楼里，有一个小而精的科学仪器历史博物馆。在哈佛科学中心的大厅里，长年陈列着第一台IBM计算机，加上一个DNA雕塑，也算是一个科学展览馆。

规划中原本还有另外两个部分，一个是"剑桥里的哈佛"，要写距离哈佛园更远的、更分散的几个图书馆，如哈佛神学院图书馆、哈佛女性历史图书馆、肯尼迪学院图书馆，还有几个国人只能称之为图书室的图书馆。另一个是"波士顿里的哈佛"，写不在剑桥的，分布在波士顿城区，远离哈佛园的商学院、工程与应用科学学院和医学院的图书馆，以及哈佛阿诺德树木园。将来有时间，再把这两个部分续上，作为本书的延伸。

本书在写作中，大量地使用了英文维基百科和搜索引擎，特此致谢。英文维基百科词条写作相对严谨，每个词条都像是论文，关键信息都提供了资料来源，可以做进一步追踪。我在写作时，有些信息直接使用了词条正文，有时多个相关词条相互参照。有时，还深度阅读词条所提供的文献，并与网络检索获得的其他文献进行核实。本文也大量使用了哈佛大学和哈佛图书馆官网信息。网络时代，信息检索相对方便。重要的是要花时

0-13

傍晚时分，走出科学中心，自广场西望，看到绚烂的天空。

2013.11.14. 17:46

间阅读，并去粗取精。

　　本书使用了大量图片，其中绝大多数图片是我本人拍摄的，拍摄工具有尼康单反相机、尼康微单相机、iPhone4手机、小米手机和iPad2平板电脑。我的学生王曦赫送给我一个夹在iPhone4上的鱼眼镜头，让iPhone照片呈现出别致的视角，特此致谢。单反相机曾经试图安装GPS定位装置，但未能设置成功，照片的数字信息里没有定位。而手机和平板电脑照片中的GPS信息则是默认的。这有助于我事后依据拍摄时间来确认单反相机照片的拍摄地点。本书少部分采用了从互联网下载的图片，尤其是英文维基百科提供的图片。本书从互联网上获得的图片有两种版权形式，分别做了标识：1. public domain，符号 ⓔ，表示此图进入公众领域；2. creative common，符号 ⓒⓒ，这是一个协议，据此，可以有条件使用。

网络改变了信息获取的方式，也改变了写作本身。在某种意义上，一个从未去过哈佛的人，也能够利用互联网，获得同样的信息，写出另一本《哈佛的图书馆和博物馆》。这样一来，能够凸显出我这位作者的独特性的，除了我亲自拍摄的图片，便是我在哈佛各个图书馆和博物馆的个体经验了。这是一个值得讨论的话题。

感谢北京科协对我的认可和宽容，此书的完成日期不断拖后，课题不断延期，甚至连联系人也都更换了好几位。感谢徐丹、张超、刘冰和于晓航，他们为此书付出了非常多的精力。

感谢我的学生杨雪泥，对本书初稿做了精心校对，并整理图片。感谢我的学生王丽敏、李轶璇、蔚蓝、高荣梅、于杨，她们在课题申请中付出了很多的时间和精力。

感谢杨虚杰女士，如果不是她的约稿，不会有这本书。也感谢她为此书的出版而付出的努力。

感谢优秀的设计师林海波先生，在此书申请课题时，曾经为此书设计封面，并制作样张。

感谢深圳越众文化传播周威先生雪中送炭；感谢优秀的设计师李尚斌先生，两度为本书设计封面和版式。

感谢南方科技大学图书馆田磊先生，他以无比的耐心阅读了本书的初稿，提出了宝贵意见，并对文字做了全面的校对。

感谢世界图书出版公司的徐国强先生、刘天天女士，迅速接受本书的出版并精心编辑。

感谢我的爱人对我的一贯支持，并作为第一读者，指出了书中的诸多疏漏，提出了宝贵意见。

2021年5月8日　武汉·君亭酒店
2021年5月10日　深圳·亚寄山前
2022年8月20日　深圳·龙华民治
2022年12月3日　深圳·龙华民治

哈佛的图书馆与博物馆中英文名称一览

1.哈佛图书馆系统图书馆（2022）

Arnold Arboretum Horticultural Library 阿诺德树木园园艺图书馆

Baker Library Harvard Business School 巴克图书馆，哈佛商学院

Botany Libraries 植物学图书馆

Cabot Science Library 卡博特科学图书馆

Countway Library 康特威图书馆，哈佛医学院

Ernst Mayr Library 恩斯特·迈尔图书馆

Fine Arts Library 美术图书馆

Frances Loeb Library Harvard University Graduate School of Design 弗朗西斯·罗伯图书馆，设计学院

Fung Library 冯图书馆

Gutman library Harvard Graduate School of Education 古特曼图书馆，哈佛教育学院

Grossman Library，Extension School 格罗斯曼图书馆，哈佛继续教育学院

Harvard Divinity School Library 哈佛神学院图书馆

Harvard Film Archive 哈佛电影档案馆

Harvard Law School Library 哈佛法学院图书馆

Harvard Map Collection 哈佛地图收藏馆

Harvard University Archives 哈佛大学档案馆

Harvard–Yenching Library 哈佛燕京图书馆

Harvard Kennedy School Library 哈佛肯尼迪政府管理学院图书馆

Houghton Library 霍顿图书馆

Lamont Library 拉蒙特图书馆

Loeb Music Library 罗伯音乐图书馆

Robbins Library of Philosophy 鲁宾斯哲学图书馆

Schlesinger Library on the History of Women in America 史莱辛格美国妇女历史图书馆

Science & Engineering Complex Library 科学与工程综合图书馆

Tozzer Library 托泽图书馆

Widener Library (Harry Elkins Widener Memorial Library) 哈里·埃尔金斯·韦德纳纪念图书馆

Widener Memorial Room 韦德纳纪念室

John G. Wolbach Library 约翰·沃尔巴赫图书馆，哈佛天文台

George Edward Woodberry Poetry Room 乔治·爱德华·伍德伯里诗歌图书室

2.哈佛的博物馆

Arnold Arboretum 阿诺德树木园

Collection of Historical Scientific Instruments 科学仪器历史博物馆

Harvard Art Museum 哈佛艺术博物馆

Harvard Museum of Natural History 哈佛自然博物馆

Geological Museum 地质学博物馆

Museum of Comparative Zoology 比较动物学博物馆

Ernst Mayr Library 恩斯特·迈尔图书馆

Peabody Museum of Archaeology and Ethnology 皮博迪考古与人类学博物馆

3.本书中出现的未被收录于哈佛图书馆系统的图书馆

Chemistry and Chemical Biology Library 化学与生物化学图书馆，2018 年并入卡博特科学图书馆

Child Memorial Library 柴尔德纪念图书馆，在韦德纳图书馆三楼

Henry Weston Farnsworth Room 法恩斯沃斯阅览室，现在拉蒙特图书馆

Harvard Theatre Collection 哈佛戏剧收藏室，现在霍顿图书馆

Kummel Library for the Geological Sciences 坤梅尔地质学图书馆，2005 年并入卡博特科学图书馆

Gordon McKay and Blue Hill Engineering Library 高顿·麦凯和蓝山工程图书馆，2016 年并入卡博特科学图书馆

Morse Music Library 莫斯音乐图书室，现在拉蒙特图书馆

Physics Library 物理学图书馆，2017 年并入卡博特图书馆

Pusey Library 普赛图书馆

Rübel Asiatic Research Collection 鲁贝尔亚洲研究收藏室，现在美术图书馆

Theodore Roosevelt Collection 罗斯福收藏馆，现在霍顿和韦德纳图书馆

Winsor Memorial Map Room 温瑟纪念地图室

索引

A

阿尔巴尼 54
阿加汗伊斯兰建筑计划 204
阿奎那，托马斯 107
阿里维夫 84
阿里乌斯教派 70
阿灵顿 157
阿姆斯，奥克斯 253—264
阿姆斯特丹 76, 138
阿诺德树木园 4
阿佩尔，路易斯 72
阿佩尔基金 71
艾柏林，克里斯托弗 136—138
爱默生 5, 151
爱默生楼 2, 11, 151—163
埃尔金斯，埃莉诺 17, 24, 26
埃弗雷特，爱德华 138
埃利塞奥 139
埃舍尔 266
安德鲁·亨特善本书店 73
安德森纪念桥 2
安纳伯格宫 188
另见 桑德斯剧场
安提瓜 221, 227
奥巴马 210, 222
《奥德赛》 20
奥尔柯特 5
奥斯汀楼 203, 210—212, 227

B

巴克中心 153
鲍尔，托德 166
北奥斯顿 2
北德州大学 7
北京自然博物馆 232
北美黑熊 236
贝弗利 136—137
贝壳类动物标本 234
贝琳达·萨顿 225
贝琳达楼 225
贝亚德·利文斯顿·基尔戈和凯特·格雷·基尔
　　戈基金 75
比较动物学博物馆 232, 239, 251
标本 232, 234—245, 248, 251—252, 254, 256
伯克利 6, 54, 119, 194, 216
伯克利公立图书馆 6
伯克利，加州大学伯克利校区 5, 7—8, 54, 90,
　　102, 117, 151, 216, 264
伯克利校区图书馆主馆 35
伯克利科学史中心 117, 151, 264
伯内克珍本与手稿图书馆 80—82
伯特，埃德温·阿瑟 195
波兰尼，迈克尔 195
波士顿科学博物馆 251
波士顿 2, 4—6, 16, 31, 54, 60, 84, 87, 124, 137,
　　152, 190, 200, 204, 209—211, 221, 251, 264,
　　267
波希米亚 249
玻尔，尼尔斯 194
玻利奥，伊斯梅尔 74

玻璃海葵 250

玻璃花 244—245, 253—254

博物画 246—247

博物学 190, 230—232, 234, 237—238, 249

哺乳类动物 162, 243

布克 135

布拉德斯特里特门（布拉门） 148, 158

布拉格 249

布拉施卡 245, 248, 250—253, 255

布拉施卡，利奥波德 191, 245, 248—253

布拉施卡，鲁道夫 245, 249, 251, 253—255

布莱克斯通，威廉 212

C

藏书票 71

柴尔德，弗朗西斯·詹姆斯 140

柴尔德纪念图书馆 130, 140—147

程序正义 213—215

赤足加尔默罗会 139

楚门鲍尔，贺拉斯 36, 43

《存在巨链》 195

D

大型哺乳动物 233

大眼斑雉 241

打盹儿指数 96, 98, 147, 190—191, 205

达尔文演化论 234

达特茅斯学院 6—7

德雷福斯 193

德累斯顿 250—253, 255

德纳 - 帕尔玛楼 153

帝企鹅 240

《帝企鹅日记》 232

狄更斯 20—21

《地球新论》 69—71

《第一位科学家：阿那克西曼德及其遗产》 195

地质馆 233, 256

地质学博物馆 232

动物伦理 238

《读书》 213, 218

E

蛾蝶花 245

儿童纪念图书馆 90, 140, 143, 147

F

法国国家图书馆 56

法学院图书馆 2, 150, 210—213, 215, 217, 219,
    221, 223, 225—229, 267

梵蒂冈 23

方解石 259—260

访问学者 7, 117, 261

菲利普阅览室 46—49

费克，罗伯特 223

《费曼传》 191

佛莱恩，迈克尔 194

富布莱特学者 1, 66

福格博物馆图书馆 203

弗洛伊德 119

G

高晓松 54

高登·麦凯图书馆 230

《哥本哈根》 194

《哥德尔·埃舍尔·巴赫》 266

戈德斯顿法学教授 224

戈尔礼堂 24

戈革 194

格莱克，詹姆斯 191

格雷，约翰 71

格雷花园西 85, 147, 208—209

格罗斯曼图书馆 12, 130, 150

蛤蜊 235

鸽子间 36, 38—41, 101, 107

卡座 39

格子间 39

古德尔，乔治 251—254

古董科学家 71—72

另见 文物科学家

古脊椎动物 233

古腾堡，约翰内斯 22, 56

古腾堡圣经 21—24, 56

另见 马萨林圣经

谷歌地图 153, 156

弓街 72, 99

公园街 4

观鸟协会 232

H

哈佛比较文学系 153

《哈佛戴安娜》 112

哈佛档案馆 132

哈佛雕像 11, 13, 130, 158

哈佛电影档案馆 2, 154

哈佛法学院 150, 203, 210, 212—224, 220—225, 227—229

哈佛工程与应用科学学院 230

哈佛纪念堂 190, 196

另见 桑德斯剧场

哈佛纪念教堂 14, 31, 60, 133, 135, 147—148, 150, 153, 188

哈佛继续教育学院 150

哈佛近东语言与文明系 153

哈佛经济学系 203

哈佛科学史系 2, 65, 117, 151, 159, 167, 184, 188, 264

哈佛广场 1—2, 4, 10—11, 84, 143

《哈佛红》 87, 90, 112, 132

哈佛天文台 4

哈佛天文系 4

《哈佛通识教育红皮书》 199

哈佛委员会 201

哈佛戏剧收藏室 132

哈佛校徽 27, 56

哈佛校训 224, 227

哈佛学院图书馆社会科学项目 108

哈佛燕京图书馆 2

哈佛艺术博物馆 150, 153—154

福格艺术博物馆 68, 203—204

哈佛哲学系 11

哈佛植物博物馆 253

哈佛自然博物馆 2, 8, 230—235, 237, 239, 241, 243, 245, 247, 249, 251, 253, 255—257, 259, 261, 263

《哈利·波特》 188, 197

哈雷，珍妮特 222—224, 229

哈斯 226

哈斯休息室 225—227

海报 19, 160, 162—163, 171, 179, 185

海森堡 194

海斯蒂布丁学社 20

海洋动物模型 252

海洋无脊椎动物 249, 251

旱谷蛇藤　247

韩昭庆　139, 154

贺卫方　213

赫蒙·邓拉普·史密斯　71—72

赫蒙基金　71—73

另见 史密斯遗产基金

亨德森，约翰　195

化学与生物化学图书馆　188

华盛顿　209

华盛顿榆　209

花柱　245

花瓣　244

花萼　244

胡克，奥斯古德　69

胡克基金　68—69

胡克，罗伯特　73

胡拜，伊洛娜　23, 56

胡拜标号　24

环境电影　110

环境教育　114

环境伦理　238

环境写作　194

黄玉　262

《黄面志》　95

《黄书》　95

灰狗　214

灰狐标本　239

徽章　224—225

惠更斯，克里斯蒂安　74

惠斯登，威廉　70

红线地铁　74

侯世达定律　266

混沌理论　191

霍顿，小亚瑟　59, 78

霍顿图书馆　2, 11, 56, 59—63, 75, 77—81, 83—84, 87, 130—133, 148, 153, 267

霍弗，菲利普　68—69

霍格沃茨　197

霍利斯，托马斯　71, 75—76

霍利斯顿镇　75

霍利约克，爱德华　71

霍桑　5

I

IBM 第一机　173, 177, 267

另见 马克一号

J

《寂静的春天》　191

《记忆、梦境与沉思》　118

加尔文派　75

加里森，彼得　167

伽达默尔　107

伽利略　182

伽桑狄，皮埃尔　74

蒋劲松　80

江晓原　95

剑桥　2, 4, 54, 58, 71—72, 90, 137, 157, 165, 178—179, 264, 267

剑桥大学　70

剑桥大街　157, 160, 203, 208

剑桥公立图书馆　6—7

剑桥公园　4, 340, 188, 207—209, 213

箭街　72, 99

另见 弓街

杰弗逊，托马斯　137

《金花的秘密》　119

《经度法案》　70

《警惕科学》 218

旧金山 216

K

卡博特，盖佛瑞·洛威尔 187

卡博特图书馆 2, 159, 167, 186—201

卡博特基金会 187

卡根，艾琳娜 221—222

卡米尔王子 249

卡米耶·苏尔热书店 76

卡洛琳 249

卡洛琳 249

卡纳迪堂 135, 148

卡朋特视觉艺术中心 154

卡斯伯森厅 223

卡斯博森学生中心 225

卡逊，蕾切尔 191, 193

卡西尼，乔凡尼 73

凯勒基金 76

凯尔，约翰 69—70

康科德 5, 151

康科德大街 4

康奈尔大学 STS 系 151, 266

康奈尔大学 151, 200, 220, 266—267

康宁玻璃公司 60, 255

《柯蒂斯植物杂志》 246—248

克莱蒙镇 7

柯克兰街 230

科格斯韦尔，约瑟夫 138

科幻 112, 236

科基莱特，丹尼尔 224

科克，克里斯托夫 195

科南特 198

科普 191, 195, 198, 251, 266

科学伦理 194

科学仪器历史博物馆 159, 177—179, 181—185

科学史 64

科学技术史中心 117

科学写作 191—192, 196

科学中心 2, 10—12, 157, 159, 161—165, 167—173, 175—179, 184—188, 200, 203, 205—206, 208, 210, 213, 230, 267—268

科学中心广场 160—161, 191, 205, 208

肯尼迪政府管理学院 2, 267

宽街 154, 157, 160

百老汇 154

坤梅尔地质学图书馆 187

昆虫 232

昆西街 11, 86, 148, 150, 153

L

垃圾 27, 66, 80, 105, 214

拉德克利夫园 4

拉德克利夫学院 40, 206

拉罗斯，皮埃尔·德夏农 225

拉蒙特，科利斯 112

拉蒙特，托马斯 87, 113

拉蒙特图书馆 2, 7, 11, 28, 52, 56, 59—61, 66, 72, 78, 84—87, 89—111, 113, 119, 121—125, 127—132, 135, 138, 147—148, 153, 186, 205, 208, 267

拉蒙特咖啡馆 102, 104—105

法恩斯沃斯阅览室 111—112

莱比锡 23

莱斯，亚历山大 26, 57

莱辛巴赫，路德维希 250—252

兰德尔，克里斯托弗·哥伦布 212

兰德尔楼 210, 212—213, 226—230

蓝铜矿 260

雷曼楼 150

理查森，亨利 150, 210

理查森罗马式 210

丽江 80

《联邦党人文集》 216, 228

李聪颖 247

李曼丽 199, 201

立陶尔中心 202—204, 206—209

林肯郡 5

林纳武德宫 36

两种文化 198

列克星敦 5, 143, 208, 221

刘钝 196

刘华杰 120, 230—231

刘欢 178

鲁宾斯哲学图书馆 11, 130, 151

鲁滨孙楼 12, 152—153

鲁贝尔亚洲研究收藏室 203

鲁迅 95

《论光的本性》 74

洛厄尔，劳伦斯 24

洛厄尔，弗朗西斯·卡伯特 137

洛夫乔伊，阿瑟 195

洛克阅览室 28

洛杉矶校区，加州大学 7

罗宾孙，约翰 169, 172

罗伯宫 60, 133, 148, 151, 153

罗马复兴式建筑 210

罗思柴尔德 236—237

罗斯福收藏馆 132

罗韦利，卡洛 195, 198

罗伊尔，小伊萨克 220—225 227, 229

罗伊尔，老伊萨克 221

罗伊尔法学教授 221, 222—223

罗伊尔故居 221, 229

十山农场 221

"罗伊尔必须倒下" 225

罗兹，塞西尔 225

"罗兹必须倒下" 225

M

马克一号 174—175, 177—178

另见 IBM 第一机

马萨林圣经 21—22

另见 古腾堡圣经

马萨诸塞州驱逐法案 221

麻省大道 56, 58, 99, 157, 188, 207—208, 226

迈尔图书馆 232

麦迪逊，詹姆斯 137

麦凯蓝山工程图书馆 188

曼荷莲学院 7

曼宁，约翰 222

芒福特，埃比尼泽 70

毛达 80

《模范小说集》 76

莫斯音乐与媒体图书馆 108

莫斯音乐图书室 108, 110

《美国图书馆》杂志 60

《每日加州》 90

梅德福 221

梅洛西，马丁 66

梅森，马兰 74

梅特卡夫，凯斯 59—60, 83, 87

梅雪芹 80

梅耶门 10—12, 158—159, 161

美德女神 56

美国独立战争 84, 209, 221

美国国会图书馆 8, 13, 22, 56

美国国家历史遗迹名录　210
美术图书馆　2, 4, 12, 188, 202—205, 207—209, 213, 267
《梦境与沉思》　118
米勒，阿瑟　137
米诺，玛萨·路易斯　222, 225, 227
牡蛎　235

N

南北战争　210
南方科技大学—丹图书馆　121
尼康相机　92—93, 104, 113, 268
《牛顿传》　191
牛津街　179, 230
《纽约论坛报》　87
纽约　21, 54, 69, 75, 80, 264
纽约公共图书馆　13
农业之神　56
奴隶营房　221
奴隶贸易　138, 221
努斯鲍姆，玛萨　195
女性图书馆　4
女性主义者　56
诺顿，查尔斯·艾洛特　203, 212

P

庞斯，盖特露德　255
片沸石　258
皮博迪考古与人类学博物馆　2, 232—233, 263
皮尔斯楼　228, 230
普莱斯考特街　153
普利策奖　39
普林斯顿　72

普林斯顿大学　221
普赛，南森　135
普赛图书馆　11, 59—61, 130—135, 148
普特南展室　178—179, 182, 185

Q

七姊妹女子学院　7, 40, 107
切尔滕纳姆　18, 36

R

人类中心主义　234
《人体的结构》　68
荣格　116, 118—119

S

萨勒姆　137
《萨勒姆的女巫》　137
《塞耳彭博物志》　191
塞万提斯　75
塞韦尔，安妮　150
塞韦尔，詹姆斯·沃伦　150
塞韦尔楼　2, 12, 149—151, 153—154, 210
塞韦尔门　150
塞韦尔庭院　150, 152—153
塞韦尔方院　11, 150
塞韦尔院　149—150
三一教堂　210
桑代克，伊斯雷尔　136—138, 154
桑代克，奥古斯都　137—138
桑德斯剧场　111, 147, 188
　另见 哈佛纪念堂及安纳伯格宫

莎士比亚 20

《沙乡年鉴》191

设计图书馆 2

神学院图书馆 2, 99, 267

神学霍利斯讲席教授 75

圣保罗教区教堂 72

生命之链 169, 173

生物圈二号 80

生物学 64

圣塔芭芭拉校区，加州大学 7

石膏 261

石英 260—261

《史迪威与美国在中国的经验》39

史密斯遗产基金 72

诗歌阅览室 144

《食品公司》《毒食难肥》 110

食莲人 20

收藏家 206

手指湖 220

数学与自然哲学霍利斯讲座教授 71, 75

四方园区 85

四十二行圣经 22

斯道瑞，威廉 214

斯道瑞，约瑟夫 214

斯蒂文森 20

斯内林，莉莲 247

苏比兹亲王 76

梭罗 5, 151, 191, 194

塔奇曼，巴巴拉 38, 40

泰坦尼克号 17, 21, 24

《堂吉诃德》76

特展室 178, 182—184

天文图书馆 4

《图书馆杂志》 42

W

《瓦尔登湖》151

瓦尔登湖 151, 191

瓦瑟斯坦大楼 225—226

万圣书园 121

王建勋 216, 228

王晓鹰 194

王一培 214—215

王钊 246—247

韦德纳，哈里纪念室 18—19, 23—24, 28, 31,
　36—37, 66

韦德纳，哈里 13, 17—21, 23—24, 26, 36, 77

韦德纳，埃莉诺·埃尔金斯 13, 17, 23, 26
　另见 埃尔金斯，埃莉诺

韦德纳图书馆 2, 7—19, 21, 23—29, 31, 33,
　35—43, 45, 47, 49, 51—53, 55—61, 79, 84, 87,
　90, 92, 98, 108, 111, 113, 130, 132, 138, 140,
　142—143, 147—148, 150—151, 153, 267

韦德纳收藏室 60

韦莫，戴维 137—138

韦尔，玛丽 210, 253—254

韦尔，伊丽莎白 253, 263

威廉姆斯，R.J.P. 169, 172

威廉姆斯，塞缪尔 71, 75

卫斯理学院 7

维基百科 177, 201, 228

维里维西克，威廉姆·爱德华 247

维萨留斯，安德里亚斯 68

文人共和国 75
　另见文学共和国及人文共和国

文物科学家 72

另见 古董科学家

温瑟，贾斯廷 138

温瑟纪念地图室 138

《雾都孤儿》 20—21

《物理科学的形而上学基础》 195

吴国盛 231

伍德伯里诗歌图书室 90

物理图书馆 2, 188

物种大灭绝 236, 263

五月花号 219

X

希伯来文文献 41

希尔斯阅览室 206

希尔斯，苏珊·莫斯 206

《西方哲学史》 205

夏平，史蒂夫 167

小小自取图书馆 162, 164—166

谢普利，亨利 87

欣德，凯蒂 162

新冠元年 267

新罕布什州 6

新华书店 82

新乔治亚风格 60

休斯顿 66

休斯顿大学 7, 66

Y

演化 233—235, 257

杨光 195

杨虚杰 265, 269

耶鲁大学 7, 80, 195

伊萨卡学院 266

伊萨卡 72, 220, 266

伊泽拉山，捷克 248

英国不列颠图书馆 56

英国剑桥 196

萤石 259

鹦鹉螺 235

《用野心对抗野心》 216, 228

《欲望的治疗：希腊伦理学的理论与实践》 195

鱼眼镜头 28, 91, 97, 142, 164

约瑟夫斯，弗莱维乌斯 70

约瑟夫斯塔 248

约翰逊门 10—11

约翰逊，约翰·阿舍 141, 143

阅览室 28, 37, 47, 59, 62, 89—90, 111—112, 120, 147, 204—205, 215, 218

《晕眩》 110

Z

《在功勋的战场上》 222

占星术 112

《哲学作为一种生活方式：从苏格拉底到福柯的精神实践》 195

《真实天文学导论》 70—71

中国国家图书馆 56

中国科学院大学（国科大） 194

中国新博物学运动 231—232

庄子 238, 263

自然写作 191—192, 194, 196

紫水晶 257